¿Qué dice la gente de *Una vida hermosa*?

D1712276

"Qué recordatorio poderoso de lo que realmente importa: ¡Amar a Dios y amar a las personas! Kerry Clarensau nos recuerda que *Una vida hermosa* es el resultado de permitir que el ejemplo de Cristo desborde en nuestro corazón, y toque a cada persona con la que nos encontramos. Las preguntas para dialogar son ideales para grupos pequeños, y el mensaje de este libro es indispensable para toda mujer que anhele dejar un legado que perdurable."

CAROL KENT

Oradora y autora de Unquenchable: Grow a Wildfire Faith that Will Endure Anything

[Inextinguible: Desarrolle la fe, que como un gran incendio, nada la apague]

"*¡Me encanta este libro!* A través de las Escrituras y las profundas historias personales, vislumbramos la vida de la autora y de sus amistades cercanas. Ella nos recuerda con elocuencia cómo amar a otras personas con estilo y con gracia. Casi nunca consideramos que el amor puede ser un catalizador poderoso. Este libro nos desafía a que usemos ese catalizador para pelear batallas, establecer límites, perdonar a aquellos que nos han lastimado, y ser una mejor amiga en todas nuestras relaciones. Amar es una decisión que tomamos y es una palabra que implica acción, como nos enseña Kerry. Cuando amamos como Jesús, es decir, sin esperar retribución, nos levantaremos un día y podremos decir que nosotras también tenemos *Una vida hermosa*.

Gracias, Kerry, por escribir este libro con excelencia. Toda persona que tenga cualquier tipo de relación interpersonal se enriquecerá al leerlo."

SHEILA HARPER

Fundadora y Presidente Ejecutiva de SaveOne (Ministerio internacional para la recuperación después del aborto) www.saveone.org

"Kerry Clarensau lo ha logrado de nuevo. ¡Esta talentosa líder ha escrito otro excelente libro que sin duda inspirará, animará, y desafiará a toda persona que lo lea! En un mundo teñido de fealdad, la mayoría de nosotras anhela más hermosura en nuestra vida. *Una vida hermosa: Descubramos la libertad del amor altruista* nos lleva de regreso al diseño original de Dios, de cómo se puede y se debe vivir la vida. Kerry utiliza historias personales cercanas entretejidas con verdades bíblicas para mostrarnos que la belleza de la vida no es algo que alcanzamos por tener objetos lindos a nuestro alrededor o por encontrarnos en circunstancias ideales. Por el contrario, una vida verdaderamente hermosa surge cuando tenemos el amor de Dios dentro de nosotras y lo derramamos con toda liberalidad sobre las personas que nos rodean en el contexto de relaciones sanas y desinteresadas. Ahora que lo pienso, esa última oración describe a mi amiga Kerry con una exactitud maravillosa. Si usted anhela una vida de belleza perdurable y de libertad, que marca una diferencia para las personas que la rodean, ¡este libro es para usted!"

JODI DETRICK, DMIN

Autora de La mujer al estilo de Jesús: 10 cualidades de la líder cuya influencia es perdurable y conmovedora www.jesusheartedwoman.com www.jodidetrick.com ICF Coach de Vida Certificada, www.significantlifecoaching.com

"Si tiene algún tipo de relación interpersonal, ¡este libro es para usted! Kerry Clarensau ofrece un plano excepcional de relaciones interpersonales basado en las páginas de la Palabra de Dios. Cuando dejamos que el amor de Dios fluya en nuestra vida, ¡las relaciones quebradas son restauradas y hallamos libertad! Me alegra que usted haya decidido comprar este libro. Al transitar por este recorrido, ¡estoy segura de que terminará con una nueva esperanza, con mayor fe, y con el valor para soñar de nuevo!"

RUTH E. PULEO

Directora, Women of Purpose [Mujeres con Propósito]
www.penndelwomenofpurpose.org

"En todo el mundo, las mujeres están buscando modelos a seguir y relaciones genuinas y vivificantes. Están buscando a mujeres con una pasión inquebrantable y el compromiso de seguir su propósito, que estén dispuestas a compartir su recorrido de vida para fortalecer y animar a las personas a su alrededor. Kerry Clarensau es, para mí, una amiga y un modelo a seguir. Como esposa, madre y líder (en el ministerio), ella me inspira y me desafía de continuo, a mí y a muchas otras mujeres, a levantarnos y ser tal cual Dios nos creó. A través de su estilo accesible, sus historias personales, y su habilidad increíble para enseñar la Palabra de Dios, le aseguro que cautivará su atención. Pero, lo que es aun más importante, las palabras de este libro la motivarán a que sea más como Jesús, ¡y la impulsarán a amar a las personas en su mundo como Dios las ama!"

DEBBIE LINDELL

Pastora principal de la iglesia James River, y directora del
ministerio de mujeres (James River Women y Designed for Life).
www.jamesriverchurch.org • www.designedsisterhood.org

"Una excelente escritora entrelaza con sencillez y claridad verdades psicológicas profundas que nos hacen reflexionar. A la vez, la lectura de sus libros es amena. Kerry Clarensau es una de esas escritoras. En *Una vida hermosa*, Kerry entreteje de manera encantadora, esclarecedora y transformadora magníficas verdades de la Escritura con saludables principios psicológicos. ¡Aquellas que deseen más amor, gozo y relaciones más enriquecedoras tienen que leer este último libro de Kerry!"

DR. MELODY D. PALM

Psicóloga clínica licenciada
Directora de Consejería y Psicología en el seminario Assemblies of God Theological Seminary

"Este libro cambiará su manera de pensar respecto al amor. Tal vez piensa que es una persona amorosa, y siente que intentó amar a otras personas como corresponde. Y tal vez le parece que otras personas no están devolviéndole el favor. Pero el mensaje de Kerry, escrito con sabiduría y gracia, le abrirá los ojos y el corazón a aquello que se ha estado perdiendo todo este tiempo. Al aprender cómo practicar el amor real, sacrificial y restaurador, sus amistades mejorarán, como también su relación con Dios y su matrimonio, y se sentirá más satisfecha y saturada de amor que nunca."

ALLISON VESTERFELT

Autora de Packing Light: Thoughts on Living Life with Less Baggage [Llevar poco equipaje: Reflexiones sobre cómo vivir la vida con menos cargas]

Una vida hermosa

DESCUBRAMOS LA LIBERTAD EN EL AMOR ALTRUISTA

Kerry Clarensau

* * *

*Este libro está dedicado a las muchas mujeres que
me inspiraron a vivir Una vida hermosa...*

*En primer lugar, mi mamá, Helen: desde el día en
que nací, ella ha sido un ejemplo concreto de una
mujer que ama sin esperar nada a cambio.*

*Las hermanas de mi mamá: Janice, Fran, Linda y
Marilyn, quienes me han mostrado en qué consiste
el amor mutuo y profundo, del corazón.*

*Mis abuelas: Edna Mae y Pernecia, quienes me
amaron con un amor incondicional desde el
momento en que supieron que iba a nacer.*

*Mi suegra, Fran, que me ama y me ha
integrado a su maravillosa familia.*

*Mis amigas y familiares que me han enseñado mucho acerca
del amor sacrificial: Katie, Mindy, Michelle, Mickey, Becky,
Jill, Carol, Jodi, Peggy, Joanna, Debbra, Kristi, Laurel, Denise,
Darla, Jennifer, Alex, Karlene, Michelle, Carla, Lynda, Becky,
Kay, Ruth, Karen, Sheila, Debbie y, sinceramente, muchas
más. ¡Espero que sepan quiénes son y cuánto las amo!*

*¡Mi vida es mucho más hermosa gracias a estas extraordinarias
mujeres! Valoro la amistad de cada una de ellas.*

* * *

Índice

Prefacio

* * *

H ay tantos clichés, obviedades y mensajes culturales que arrastran nuestros pensamientos e ideas en lo que concierne al amor. No es de extrañar de qué todos estemos tan confundidos. Vemos a la Cenicienta bailar con su príncipe azul; vemos a los amantes en una película que se precipitan hacia la lluvia torrencial para abrazarse y darse un beso apasionado. Y nos preguntamos: *¿Éso es el amor? ¿Nos lo estamos perdiendo?*

Durante tres décadas, escribí acerca del matrimonio y la familia, y aprendí dos cosas importantes acerca del amor. Primero, el amor es la fuerza más poderosa de nuestra vida. Tiene poder para cambiar toda nuestra realidad, alterar nuestro corazón, y cambiar nuestra mente. El amor de Cristo y el amor de otras personas es tan poderoso que nada lo iguala.

La segunda verdad que aprendí es un poco más deprimente: ninguno de nosotros sabe amar verdaderamente.

El amor no es fácil. No nace de manera espontánea. Hay ciertos aspectos del amor que aparentemente se oponen a nuestra naturaleza y, por cierto, a nuestra formación cultural. Queremos recibir amor, pero no sabemos cómo darlo; y nos falta el aspecto más poderoso del amor.

¿Es posible que esto cambie?

Unos cuantos años atrás, cuando mi nieto Michael tenía diez años, se me acercó con una crisis. Abrí la puerta cuando oí sus golpes desesperados y, cuando lo vi, estaba llorando. Estaba completamente fuera de control, tratando de explicarme lo que había pasado. A duras penas podía entender una palabra de lo que decía.

Eso no era del todo ajeno a la personalidad de Michael. Él siempre buscaba la aventura, y una vez que le venía una idea a la cabeza, nadie podía disuadirlo. Fueran guerras de sables luminosos en la sala de estar, o el uso de fuegos artificiales en el garaje, una vez que se mentalizaba con algo, no había manera de distraerlo.

Aunque eso de a momentos me frustraba, siempre estuve muy dedicado a cada uno de mis nietos (tengo diez), y haría cualquier cosa para ayudarlos. Así que invité a Michael a pasar y ambos nos sentamos en mi oficina. Le aseguré y recordé cuánto lo amaba. Luego de unos minutos, se tranquilizó y estuvo listo para conversar.

Me contó algo que había sucedido con su mamá (que resulta ser mi hija). Ésa no era la primera vez que sucedía. Solían tener encontronazos.

Le pregunté específicamente qué era lo que le estaba molestando, y él me dio la lista. Ella tenía demasiadas reglas, demasiadas tareas, un horario muy estricto de actividades y deberes. Él quería más libertad para hacer las cosas a su manera.

—¡Me está volviendo loco! —dijo.

Lo dejé hablar hasta que terminó, y luego le pregunté:

—¿Quieres vivir de esta manera?

—No, claro que no —dijo.

—¿Quieres darle a tu madre el poder para controlar la manera en que te sientes ahora?

Me miró perplejo y, en silencio, dijo que no con la cabeza.

—¿Notas alguna diferencia en la manera en que actúo ahora, en comparación con la manera en que estás actuando tú? —le pregunté.

—Estás tranquilo —respondió.

—Sí, ¿sabes por qué estoy tranquilo?

—¿Por qué?

—Porque aprendí el secreto para estar tranquilo, aun cuando la vida parece turbulenta. Aun cuando estoy enojado, molesto y frustrado. Tengo un ingrediente secreto que me mantiene tranquilo.

Inclinó un poco la cabeza y entrecerró sus ojos.

Le pregunté:

—¿Quieres saber qué es?

—Sí —dijo.

—El amor.

Seguí explicándole cómo él me podía acompañar en esta gran aventura, si quería descubrir el poder del amor, que va contra toda lógica, contra los modelos culturales y que, además, transforma la vida. Él podía controlar sus emociones al controlar simplemente sus pensamientos a lo largo del día. Si meditaba en el amor, le dije, todo eso podía cambiar.

No lo comprendió del todo, pero pudo ver un destello de esperanza en mí, y, por fe, confió.

Saqué la Biblia y la abrí. Juntos escribimos cinco versículos de la Biblia, y prometió meditar en ellos y memorizarlos. Uno de esos pasajes era Romanos 5:3–5, que dice lo siguiente:

> Y no sólo en esto, sino también en nuestros sufrimientos, porque sabemos que el sufrimiento produce perseverancia; la perseverancia, entereza de carácter; la entereza de carácter, esperanza. Y esta esperanza no nos defrauda, porque Dios ha derramado su amor en nuestro corazón por el Espíritu Santo que nos ha dado.

Hablamos acerca de cómo experimentaba su relación con su madre como una gran adversidad. Lo ayudé a ver cómo la adversidad podía tornarse en perseverancia. La perseverancia podía tornarse en entereza de ánimo que, en última instancia, podía producir esperanza. Le pregunté si quería tener la esperanza de Dios para ver la relación con su madre, no como un problema, sino como un regalo.

Respondió con un enfático sí.

Cuando se fue ese día, estaba de mucho mejor ánimo. Aceptó el desafío de memorizar los versículos de la Biblia, y yo también prometí memorizarlos con él. Puso cinco piedras en el bolsillo, y las llevaba a todos lados como recordatorio de que tenía que memorizar esos versículos. A las pocas semanas, tenía esos versículos memorizados y esperaba que su amor por su madre creciera.

¿Has estado alguna vez en alguna circunstancia similar: en la que quieres amar a alguien, pero no lo sientes? Quizá te autorecordó que el amor no es un sentimiento, sino un compromiso hacia una persona durante un largo período de tiempo. Pero cuanto más tratas de amar a alguien que te vuelve loca, tanto menos te interesas en amar y servir a esa persona.

El amor puede ser desafiante. Puede ser confuso.

Unas semanas después de mi conversación con Michael, la relación con su madre de nuevo se volvió tensa.

Una tarde, mientras ella lo llevaba de la escuela a la casa, le preguntó dónde estaban sus libros. De repente, él se dio cuenta de que había cometido un error.

"¡Ay, no, mamá!", dijo. "¡Los dejé en el armario del colegio! Necesitamos volver. Mañana tengo un examen de ortografía, y no he estudiado. Necesito esos libros".

En ese momento, ella se enojó. Dijo con firmeza: "Michael, sería una cosa si ésta fuera la primera vez que olvidas los libros, pero es por lo menos la décima en el año. ¿Qué voy a hacer contigo? ¡Eres tan irresponsable! ¿Cuándo vas a tomar en serio la tarea del colegio? ¡No sé qué decir!"

Ella lo sermoneó por unos minutos más, frustrándose cada vez más. Él simplemente la dejó terminar. Mientras ella hablaba, él sólo pensaba en Romanos 5:3–5, y cómo esa conversación era una oportunidad para experimentar el *carácter* y la *esperanza* de Dios.

Cuando ella terminó de hablar, Michael dijo: "Mamá, tienes razón. De hecho, quiero agradecerte por tu sermón porque lo que dijiste es verdad. Este año no he sido un buen alumno. Podría haber sido mucho mejor. Estoy aprendiendo poco a poco, pero estoy agradecido de que cuides tanto de mí, eres sincera conmigo. Dios está usando tus palabras ahora mismo para darme todo tipo de regalos. Estoy tan agradecido por eso".

Mientras decía esas palabras, sintió que la esperanza y la paz de Dios derramaban amor en su corazón.

Su mamá se quedó muda. De hecho, las lágrimas comenzaron a correr por sus mejillas, y tuvo que detener el coche al lado del camino para evitar un accidente. Cuando estacionó al borde del camino, preguntó: "¿De dónde salió *eso*?".

Michael le contó de la conversación que tuvo conmigo, acerca de los versículos de la Biblia, y de las piedras en el bolsillo. Le dijo que había orado para que Dios pusiera amor por ella en su corazón, aunque no le gustaban todas las reglas. Le dijo que Dios estaba respondiendo a esa oración, y él estaba comenzando a verla como un regalo.

Ella lloró y lloró, impactada por la valentía y la madurez de su joven hijo. Y así fue cómo el amor cambió sus vidas.

Ese día, más tarde, Michael corrió a mi casa para contarme lo que había sucedido.

"¡Abuelo, abuelo!", exclamó. "¡Resultó! ¡Hoy fue el mejor día de mi vida!".

En ese momento, el amor cambió la trayectoria de la vida de Michael. Lo cambió a él, cambió a su madre, y cambió la manera en que ambos se relacionaban.

Michael hoy tiene veinte años, y es una persona emprendedora en Dios. Como promete el versículo de Romanos, las adversidades que él sufrió sin duda produjeron entereza de ánimo en él, como también esperanza. Esa esperanza brilla a través de cada aspecto de su vida porque Michael estuvo dispuesto a entregar todo por el amor.

Tal vez puedes identificarte con Michael. Hay alguien o algo en tu vida que te impide amar como debes. Que te está robando la esperanza, la alegría, y el gozo. Quieres amar. Quieres creer que es posible, pero no estás segura de cómo hacerlo. Así como mi nieto estuvo dispuesto a dar un paso de fe y a seguir mi consejo, ¿darás tú un paso de fe y seguirás el consejo de mi amiga Kerry?

No te arrepentirás. Los días más hermosos de tu vida están por venir.

GARY SMALLEY

Autor de *best sellers* y conferencista, consejero de familias, director y fundador del Smalley Relationship Center [Centro de Relaciones Smalley]

El Plan

* * *

Tú has sido diseñada para amar y ser amada. ¿Lo sabías? Desempeñas mejor tu función cuando amas y eres amada por otros. Cuando tus relaciones llegan a su plenitud —cuando tienes amigas que te aman y te apoyan, cuando trabajas en equipo con la gente de tu trabajo, cuando tú y tu familia disfrutan y aprenden unos de otros— me imagino que gozas de una mente despejada, que es más productiva, y que está feliz.

Por otro lado, considera cómo te sientes cuando hay tensión en tus relaciones: cuando te peleas con tu cónyuge, tienes una mañana estresante con tus hijos, o discutes con tus compañeros de trabajo... ¿Cómo te afecta eso? ¿Te sientes cansada? ¿Distraída? ¿Contrariada? Todas hemos experimentado esas situaciones.

Los primeros tres capítulos de este libro tratan de cómo fuimos creadas para amar y ser amadas. Al mirar juntas las Escrituras, e incluso un poco de investigación científica, creo que verás que el amor es lo más importante de tu vida: el amor a Dios y a otras personas. Y además creo que al aplicar estos principios, más allá de tus circunstancias, comenzarás a experimentar más alegría, felicidad, y satisfacción.

Tu vida realmente será *una vida hermosa*.

CAPÍTULO UNO

Creadas para el amor

"Esto les ordeno: Que se amen unos a otros".

JUAN 15:17, TLA

No siempre he pensado que las relaciones son la parte más importante de la vida. La mayor parte de mi vida, pensé que el *trabajo* era lo más importante. Las relaciones siempre fueron divertidas y agradables para mí. De hecho, desde pequeña, mi momento preferido del día era cuando la familia se reunía alrededor de la mesa para cenar. Pero, a pesar de ese sentimiento, daba por sentado que el *trabajo* era el fundamento de la vida y que las relaciones eran tan sólo la parte divertida.

Esa idea afectó la manera en que organizaba mi vida y pasaba mis días. Trabajé muchas horas para ser una buena alumna, una gran trabajadora, y una buena madre. Siempre quise ser una persona sobresaliente y muy trabajadora.

Luego, un día, cambió mi perspectiva.

Estaba ocupada en el trabajo, armando un proyecto que estaba resuelta a completar en tiempo récord. El material se utilizaría para que estudiantes de nivel preescolar hasta el nivel secundario aprendieran más del amor y la libertad en Jesús. Estaba tan segura de que Dios quería que hiciera todo lo que pudiera para que esos estudiantes no tuvieran que vivir otro día sin el material. Cuanto más duro y rápido trabajaba, tanto mejor me sentía. Unos de esos productivos días, recibí una llamada telefónica. Del otro lado de la línea estaba mi amiga, Carol, que estaba atravesando la experiencia más dolorosa que una madre pueda enfrentar. Habían diagnosticado a su hijo de dieciséis años con cáncer y, luego de una larga batalla, falleció. El instante que oí su voz, sabía que debía dejar lo que estaba haciendo y escuchar. Mientras ella derramaba su corazón, Dios habló algo profundo al mío.

Ella me dijo que, unas pocas semanas antes de que Josh falleciera, su familia sabía que su tiempo restante sobre la tierra era corto. Así que le preguntaron cómo quería pasar sus últimos días. Dijo que quería pasar tiempo con la gente que amaba. Al entrar en su habilitación para despedirse, Josh daba a cada uno palabras de sabiduría (muy maduras para su edad). A su abuelo, le dijo: "No llores mucho tiempo por mí, porque donde voy brilla siempre el sol, y ya no tendré más dolor".

A sus amigos, les declaró: "Más vale que vivan con rectitud. No estaré aquí para envejecer con ustedes, pero quiero verlos de nuevo en el cielo".

A petición de Josh, la familia le puso música de adoración y le leía las Escrituras. Encontró consuelo en las melodías y en las palabras, mientras sufría un intenso dolor físico. Después de que mi amiga me describiera las últimas horas de la vida de su hijo, pensé lo siguiente: cuando supo que su vida estaba por terminar, al joven Josh le importaron dos cosas: su relación con Jesús y su relación con otros.

Cuando colgué el teléfono, salí de la oficina, dejando el proyecto inconcluso sobre el escritorio. Mi lista de quehaceres, así como el sentido de urgencia, perdieron importancia. Caminé despacio por el pasillo y entré en la capilla. Me quedé de pie en la parte de atrás por unos minutos —no sé cuánto tiempo—, y luego caminé, despacio y con solemnidad, hacia el frente. Al final, caí de rodillas frente a un banco, escondí el rostro entre las manos, y lloré. Oré: *"Dios, ayúdame a amarte a ti y a las personas que pones en mi vida. Ayúdame a recordar la lección que aprendí de la vida de Josh".*

Al final de nuestras vidas, lo único que importará es nuestra relación con Dios y nuestra relación con otros. #unavidahermosa

Tal vez las relaciones son lo más importante después de todo.

Ámense unos a otros

Cuando enfrentes tus últimos días, ¿desearás haber trabajado más o haber amado mejor?

Jesús sabe que desearíamos haber amado mejor. Creo que por eso habló con tanta frecuencia del amor. La expresión que nos motiva a "amar a Dios" o "amar al Señor" aparece una siete veces en la Nueva Versión Internacional de la Biblia, y la frase "ama a tu prójimo" aparece nueve veces. Asimismo, más de cuarenta versículos del Nuevo Testamento contienen las palabras "unos a otros". Esos pasajes instructivos nos enseñan cómo amarnos unos a otros como corresponde.

Desde que tuve esa conversación con Carol, que me cambió la vida, se me hizo evidente que Dios quiere que entendamos este asunto del amor. Es lo que a Él más le importa.

Juan 15:9-12 dice: "Así como el Padre me ha amado a mí, también yo los he amado a ustedes. Permanezcan en mi amor. Si obedecen mis mandamientos, permanecerán en mi amor, así como yo he obedecido los mandamientos de mi Padre y permanezco en su amor. Les he dicho esto para que tengan mi alegría y así su alegría sea completa. Y éste es mi mandamiento: que se amen los unos a los otros, como yo los he amado". Me impresiona la fuerza de este mandamiento. Amar a otras personas no es una opción. Dios no nos manda a que "hagamos cuanto podamos", mas bien nos ordena: "ámense unos a otros".

> A NIVEL PERSONAL, NOS DESENVOLVEMOS DE LA MEJOR MANERA CUANDO NUESTRAS RELACIONES ESTÁN BIEN CON DIOS Y CON LAS PERSONAS

En verdad, nos desenvolvemos mejor cuando amamos a los demás como corresponde. Antes de leer el libro *¿Quién me desconectó el cerebro?* de la doctora Caroline Leaf, no había considerado con cuidado esta idea. Pero después de leer su investigación, me resulta perfectamente lógico. Las indagaciones de la doctora Leaf muestran que nuestro cerebro está literalmente nublado cuando no amamos a otras personas como corresponde. A nivel personal, nos desenvolvemos de la mejor manera cuando nuestras relaciones están bien con Dios y con las personas.

Cuando experimenta el amor de Dios y de la gente, su corazón acelera la comunicación con su mente y cuerpo a través de sus vasos sanguíneos. La vida está en la sangre, el sistema de transporte del cuerpo, y el corazón se encarga de asegurarse de que funcione el transporte. La salud viaja desde el cerebro hasta el corazón a través de impulsos eléctricos y, desde allí, al resto del cuerpo.[1]

¿Verdad que es increíble? (Me *encanta*). Cuando experimentamos el amor con otros, además del amor de Dios, ¡nuestro sistema sanguíneo se acelera y nuestra salud realmente mejora!

Es una realidad documentada científicamente. El doctor Allan Schore, un investigador destacado en el campo de la neuropsicología, ha escrito extensamente acerca de nuestra necesidad básica de amor desde que nacemos. Desde el momento en que los bebés salen del vientre, necesitan aferrarse a una relación de amor, más que tener alimento y agua.[2] Eso es todo, querida amiga. El amor es lo más importante en nuestra vida.

¿Falta de amor?

Me pregunto si, mientras lees estas líneas, sientes que falta amor en tu vida. Tal vez al leer las conclusiones de Caroline Leaf y el mandamiento de la Escritura "ámense unos a otros", asentiste con la cabeza y pensaste: "Sí, verdaderamente alcanzo mi máximo potencial cuando mis relaciones con otras personas son óptimas y cuando mi relación con Dios es buena. Cuando experimento amor, me siento feliz y sana. Esto tiene visos de verdad". Pero me pregunto si también pensaste: "Si otros me trataran con amor, mi vida sería mucho más feliz y sana".

No estás sola si te sientes de esa manera.

Yo me he sentido así muchas veces y, en los numerosos años que he pasado animando a las mujeres, he conocido a un sinnúmero de ellas que también se sienten así. Por instinto, sentimos que el amor es más importante que cualquier otra cosa, y que la falta de amor puede impactar negativamente nuestra vida... y, aun así, nos sentimos incapaces de cambiar nuestras circunstancias.

De hecho, yo me sentía así antes de la llamada de Carol ese día. Por fuera, parecía que tenía una vida perfecta. Tenía un gran trabajo, una hermosa familia, y muchísimos amigos. Pero yo misma no había hecho un compromiso de amar como corresponde, y me sentía abrumada, agotada, e insatisfecha.

Tal vez tus circunstancias sean del todo diferentes de las mías. Tal vez tuviste padres que te abandonaron y hoy tienes un marido que te trata como un objeto sin valor. Tal vez te sientes sola y aislada. Tal vez tu misma experiencia te ayuda entender lo que yo sentí en ese momento: ¡Cómo quisieras que tu compromiso de amar fuera más profundo! Quieres amar profundamente y, también, ser amada de la misma manera.

Estoy contenta de que estés leyendo este libro.

En los próximos capítulos, exploraremos qué puedes hacer para que haya más amor en tu vida, y ser esa persona que Dios realmente creó. Pero no será como tal vez como tú piensas. No es necesario cambiar de padres, o de marido, o de vida. Lo que sí necesitas hacer es renovar tu mente, tu corazón, y tu espíritu para amar. ¿Y adivina qué? Dios te puede ayudar. Tal vez parezca imposible, pero realmente no lo es. El amor está más cerca de lo que piensas.

* * *

"Vida – amor = 0."

RICK WARREN

CAPÍTULO DOS

Creadas para el gozo

"Les he dicho estas cosas para que se llenen de mi gozo; así es, desbordarán de gozo. Este es mi mandamiento: ámense unos a otros de la misma manera en que yo los he amado".

JUAN 15:11-12, TLA

C reo que la mayoría de nosotras sabe instintivamente que hemos sido creadas para sentir y experimentar alegría. Cuando la tenemos, queremos permanecer en ese lugar para siempre: recrear nuestras circunstancias y experiencias tan sólo para vivirlas otra vez. Cuando no nos sentimos alegres, sabemos que nos falta algo. Tratamos de concertar las circunstancias —ya sean vacaciones, nueva vestimenta, un gran trabajo, un nuevo título— para estimular ese sentimiento de alegría.

Pero no nos damos cuenta de lo siguiente: esa alegría se convierte en gozo cuando el amor de Jesús entra en nuestra vida, y cuando sin reservas damos ese amor a otras personas.

Tres años después de esa conversación con Carol que cambió mi vida, mi marido y yo nos mudamos a Wichita, Kansas, para pastorear un grupo de personas extraordinarias. Yo tenía grandes expectativas para la mudanza y las nuevas oportunidades. Pensé en todas las cosas que Mike y yo podríamos lograr juntos, y en el tipo de vida que llevaríamos. Y, aunque aprendí una lección importante de Carol respecto a valorar relaciones más que logros, no sé si la lección había pasado de mi cabeza a mi corazón.

No hace falta decir que las cosas no salieron exactamente como las había planeado... y Dios no estaba sorprendido en lo más mínimo.

Decir que luché durante la transición es poco. Mike se adaptó de inmediato y en seguida se conectó con la comunidad. Pero yo estaba con el ánimo por el suelo. Nada era como había sido antes, o como pensé que sería.

En mi rol anterior, había trabajado con tareas bien delineadas, y me desarrollaba y crecía constantemente. Había elaborado un programa educativo, lideraba a un personal, viajaba, predicaba en diversos lugares, capacitaba a líderes, y servía en numerosos comités nacionales. Con el tiempo, llegué a adaptarme a todos esos "roles" y disfruté el desafío, la agenda ocupada, y los sentimientos de satisfacción.

Ahora, era esposa de pastor... ¡y para eso no había tareas delineadas! No sólo estaba confundida acerca de lo que me tocaba hacer, sino que me sentía perdida sin tener oportunidades de crecer ni mayores responsabilidades. Estaba acostumbrada a parámetros definidos, metas medibles y expectativas claras. Este nuevo rol de servir junto a mi esposo era ambiguo y no me gustaba para nada.

Además, había perdido un buen sueldo. Mi esposo ganaba lo suficiente para nuestra familia, pero no teníamos un "colchón" financiero.

Durante el primer año, estaba completamente convencida de que nos habíamos desviado de la voluntad de Dios cuando nos mudamos a Wichita.

¿No resulta curioso cómo reaccionamos cuando nos encontramos en una situación difícil e incómoda? Damos por sentado que no es posible que estemos en la voluntad de Dios. ¿Hemos pensado alguna vez que en las etapas difíciles de la vida Dios nos perfecciona, nos enseña, y nos guía hacia su paz, su bendición, y su gozo… y que todo es parte de su perfecta voluntad?

Durante esa etapa difícil, pasé horas de rodillas. La Palabra de Dios se convirtió en mi mayor fuente de consuelo. Muchos días sentía que sólo podía seguir adelante si pasaba tiempo en su presencia. En esos tiempos de oración, Él me ayudó a ver que hasta ese momento mi identidad y sentido de realización como persona dependían de mis logros y roles. Dado que me esforzaba tanto por alcanzar cosas, en mi vida no había verdadero gozo.

Un domingo, en la reunión de la mañana, mientras cantábamos la canción *Moradas*, me llamó la atención una de los versos: "Jesús, mi gozo, mi recompensa". En ese momento, descubrí algo: *Jesús* es mi gozo y mi recompensa. Siempre y cuando permanezca conectada a Él, puedo encontrar todo lo que mi corazón anhela.

En esa etapa difícil, cuanto más me concentraba en mí misma (en mi rol, mi desilusión, mi confusión), tanto peor me sentía. ¡Qué triste es centrarnos en nosotras mismas! Lo único que podemos ver desde esa perspectiva es lo que quisiéramos cambiar en nuestras circunstancias. Pero cuando quitamos los ojos de nosotras mismas y nos enfocamos en Jesús y en otras personas, el amor de Dios fluye a través de nosotras. Jesús

> CUANDO QUITAMOS LOS OJOS DE NOSOTRAS MISMAS Y NOS ENFOCAMOS EN JESÚS Y EN OTRAS PERSONAS, EL AMOR DE DIOS FLUYE A TRAVÉS DE NOSOTRAS.

realmente es nuestro gozo y recompensa. Experimentamos mejor su amor cuando lo recibimos de Él y lo damos a otras personas.

Las palabras de esa canción fueron tan significativas para mí que las diseñé en un documento, las imprimí y las puse en un hermoso marco. Y, hasta el día de hoy, ese cuadro permanece en mi vestidor.

> Si nos amamos unos a otros como corresponde, el resultado será de profundo gozo.
> #unavidahermosa

El amor de Dios es tan poderoso que llena todos los espacios vacíos, quebrados y confusos de mi espíritu. No sólo eso, es tan grande que puede inundar a la gente a mi alrededor.

Aprendí que, a pesar de la etapa de la vida en la que nos encontremos, tenemos la oportunidad de experimentar el gozo de momentos de quietud con Jesús, y luego dejar que esos momentos fluyan a otras personas.

El gozo que sentimos no proviene de títulos, posiciones, o realizaciones. Surge cuando recibimos el amor de Dios y dejamos que ese amor sea el catalizador de absolutamente todo lo que pensamos, decimos, o hacemos.

Encontrando gozo en la vida

No sé si te identificas con mi historia. ¿Recuerdas algún momento en que sentiste que no tenías rumbo o que tu vida carecía de plenitud? ¿Te sientes así ahora? Quizá quieras recibir un mejor sueldo para comprar cosas hermosas o ir de vacaciones. Quizá seas soltera y sientas que tu vida comenzará cuando tengas esposo. Quizá seas madre de niños pequeños, y anheles que tus hijos crezcan para hacer algo gratificante (créeme: aunque los días nos parecen largos, los años son *muy* cortos).

Sin importar dónde esté tu corazón mientras leas estas palabras, quisiera que escuches lo siguiente: ahora mismo, Dios te tiene en un lugar específico, con un propósito determinado, y en una etapa concreta. No tienes que esperar a que tus circunstancias cambien o mejoren para experimentar el verdadero gozo. La fuente de gozo no es una casa más grande, un mejor trabajo, o vacaciones más extravagantes (¡aunque a veces puede parecerlo!). Dios es la fuente de todo gozo. Él es el dador de toda plenitud y alegría, y nos invita a que, *junto con Él*, demos plenitud y alegría.

Es aquí donde encontramos que la vida es hermosa.

Si quieres más gozo —y más amor— en tu vida, busca primero a Dios. Pídele que llene tu vida con su amor de la manera que Él llenó la mía, y que te ayude a bendecir a otras personas con lo que fluya de tu interior.

Muchas de nosotras entendemos intuitivamente que una vida sin gozo no es vida en lo más mínimo. Oramos para tener gozo, buscamos alegría y gozo y, cuando lo experimentamos, tratamos de replicarlo. ¿Y si buscamos gozo en los lugares equivocados? ¿Y si la manera de recibir y experimentar un mayor gozo es *dar* (y recibir) más amor?

Creo que eso es lo que Jesús enseñó en Juan 15:11–12. Él no vincula el gozo con el amor por mera casualidad. Sin el verdadero amor, no podemos experimentar el verdadero gozo del Señor.

* * *

"Un corazón gozoso es el resultado inevitable de un corazón que arde con amor."

MADRE TERESA

CAPÍTULO TRES

Creadas para cultivar relaciones

"Éste es el mensaje que han oído desde el principio: que nos amemos los unos a los otros."

1 JUAN 3:11

Aunque Dios nos creó para experimentar gozo en nuestra relación con Él y con otras personas, tengo que reconocer que no siempre es fácil. Nunca olvidaré la etapa en que Dios me enseñó esa verdad.

Hace varios años, Mike y yo pastoreamos en una pequeña comunidad. Fue la primera vez que viví en un pueblo chico. Me tuve que acostumbrar a ver a menos gente, a tener pocos lugares donde hacer las compras, y a encontrarme con conocidos. Además, mis hijos eran pequeños y yo me quedaba con ellos en casa, así que toda mi vida giraba en torno a nuestros pequeños varones, nuestra pequeña ciudad, y nuestra pequeña familia de la iglesia.

Todos los días, en vez de salir a trabajar, como había hecho en la posición anterior, me quedaba en casa. Me encantaba ser mamá y, por cierto, encontré maneras de mantenerme ocupada, pero no sentía que era tan productiva y "eficaz" como quería ser. La mayor parte del día limpiaba narices, levantaba cereales aplastados del piso, y limpiaba accidentes en el baño.

Luego conocí a Becky.

Becky vivía en frente y era ama de casa, como yo. Tenía dos hijos pequeños, y el ritmo de nuestra vida era parecido. La veía afuera durante el día, recogiendo el correo y regando las plantas en la terraza de adelante.

Un día, decidí presentarme. Becky y yo nos hicimos amigas de inmediato.

Comenzamos a compartir en nuestra rutina diaria. Llevábamos a los niños a cosechar fresas, salíamos a caminar, hacíamos picnics en el parque, y charlábamos mientras tomábamos café o té. Hablábamos acerca de nuestra vida y de lo que significaba ser mamá. Yo animaba a Becky cuando se sentía triste por algo, y ella hacía lo mismo por mí. Luego la invité a un estudio bíblico al que yo asistía, y terminamos yendo juntas todas las semanas. Ahí fue cuando Becky entregó su vida y su corazón a Jesús.

Pasamos tiempo juntas y, sin mucho esfuerzo, mis sentimientos negativos respecto a esa etapa se disiparon.

Un año y medio después de que nos mudamos a esa pequeña ciudad de Kansas, nuestra denominación eclesiástica eligió a mi esposo para una posición de liderazgo, y tendría que trabajar en la sede central, en otra ciudad.

¡Teníamos que mudarnos otra vez!

No podía entender por qué sucedía esto. Estaba contenta por mi esposo y su nueva oportunidad, pero no tenía sentido. No era parte de nuestro plan. Habíamos planeado estar en esa pequeña iglesia por mucho tiempo. No podía entender por qué

Dios nos mudaría a una ciudad por diecisiete meses, y luego a otro lado.

Para colmo, los líderes de la iglesia de Kansas no estaban muy entusiasmados con nuestra partida. No esperaban que nos fuéramos tan pronto, y me imagino que se sintieron abandonados. Intenté recordar que los planes de Dios no siempre tienen sentido para nosotros. Lo pensé durante todo ese tiempo de cambio. Pero cuanto más se frustraba la congregación y el liderazgo, tanto más me preguntaba: *¿Acaso oímos mal la voz de Dios?*

Nunca olvidaré la semana que preparamos nuestras cosas para la mudanza. Becky estaba en nuestra casa. Sus hijos estaban jugando con los míos, y ella me estaba ayudando a poner cosas en las cajas.

Le dije: "Becky, no entiendo. ¿Por qué Dios nos trajo aquí por diecisiete meses para trasladarnos otra vez?". Becky hizo una pausa. Y lo que dijo después cambió por completo mi perspectiva de la situación.

Respondió: "Kerry, pienso que viniste a este lugar por mí".

En ese momento, descubrí lo siguiente: Dios ama tanto a Becky, que nos envió a mí y a Mike a una ciudad del todo nueva por tan sólo diecisiete meses, para que ella pudiera oír de su amor. Así es cómo ama a Becky, cómo me ama a mí, y cómo te ama a ti. Qué regalo es haber sido las manos y los pies de Jesús en la vida de Becky por un corto tiempo. Hoy mi oración es que yo sea sus manos y sus pies dondequiera que vaya.

El trabajo más importante, agradable, y vivificante está siempre al alcance de nuestra mano: amar a otras personas.

> EL TRABAJO MÁS IMPORTANTE, AGRADABLE, Y VIVIFICANTE ESTÁ SIEMPRE AL ALCANCE DE NUESTRA MANO: AMAR A OTRAS PERSONAS

Becky me ayudó a ver que hay personas a nuestro alrededor que necesitan amor y, cuando damos amor, recibimos diez veces más de lo que hemos dado. Dios nos creó para eso. ¡Qué hermosa vida!

No importa si se encuentra con alguien por algunos minutos, unas pocas horas, unos pocos meses, o unos pocos años. La oportunidad para cultivar y disfrutar las relaciones es universal. Es constante y continua.

¿Y si dar amor es lo más gratificante que pueda hacer? #unavidahermosa

¡La mejor parte es que es también agradable! Fuimos creadas para el gozo, y la gozo es resultado del amor. Ambos están conectados. Es la razón por la cual me conecté con Becky y compartí mi vida con ella y, a cambio, recibí gozo. Los sentimientos negativos que había tenido acerca de la vida desaparecieron cuando decidí disfrutar mi relación con ella. El cambio fue realmente hermoso.

¡Creo que lo mismo puede sucederte a ti!

Inesperado sentido de realización

Generalmente no esperamos sentirnos plenas cuando hemos dado algo. De hecho, me atrevería a decir que la mayoría de nosotras quiere acumular cosas, protegerlas, y quedarnos con ellas para no tener que enfrentar más esa sensación de vacío. ¿Y si dar amor es lo más gratificante que podemos hacer? Es una explicación que va contra toda lógica, y sin duda va contra los modelos culturales, pero lo mismo sucede con la mayoría de las verdades que encontramos en las Escrituras.

¿Te sientes perdida? ¿Insatisfecha? ¿No te sientes realizada? ¿Sientes como si estuvieras estancada, esperando que suceda alguna cosa en tu vida? Así es como me sentía yo antes de conocer a Becky, es decir, como si tuviera que esperar otro tiempo u otras circunstancias para sentirme realizada. ¿Estás dispuesta a considerar la posibilidad de que dar amor a otra persona hará que te sientas realizada y satisfecha?

Como nos dice el apóstol Juan, desde el principio hemos tenido el mandamiento de amarnos unos a otros. La vida cristiana no será fácil, pero será fructífera, agradable y hermosa cuando vivamos en comunión unos con otros.

La mejor parte de ver las relaciones desde esta perspectiva es que nos abre los ojos y el corazón a oportunidades para amar y encontrar el gozo en lo que nos rodea. Tal vez al salir a caminar con una amiga, hacer galletitas para su vecina, tomar café con alguien que está dolida, o preparar una cacerola con comida caliente para una familia en necesidad. De eso se trata la vida: todo gira en torno a las relaciones... a cuidarnos unos a otros.

Ya puedo oír las posibles quejas (más que nada porque yo he pensado y me he preguntado algunas de estas mismas cosas). ¿Y qué sucede con las personas que me tratan mal? ¿Se supone que debo amarlas? ¿Y si traté de amar a otros y no dio resultado? ¿Y si siento que no me queda amor para dar? No te preocupes. Abordaremos esos asuntos en los próximos capítulos.

● ● ●

*"Preferiría caminar con una amiga
en la oscuridad que sola en la luz"*
HELEN KELLER

Profundización de la
PRIMERA PARTE—EL PLAN

DIÁLOGO O PREGUNTAS PARA REFLEXIONAR:

1. Fuimos creadas para amar. Lee la cita de la doctora Caroline
   Leaf en la página 12–13. Comenta acerca de la diferencia
   en la calidad de la vida cuando amamos a otras personas y
   cuando no tenemos vínculos significativos.

2. Fuimos creadas para el gozo. "El gozo no proviene de los
   títulos que acumulemos, ni las posiciones o las realizaciones.
   El gozo es el resultado de haber recibido el amor de Dios y
   dejar que ese amor sea la sazón de todo lo que pensamos,
   decimos, o hacemos". Describe un momento en que
   experimentaste gran alegría al mostrar a alguien el amor de
   Dios.

3. Fuimos creadas para establecer relaciones. En 1 Juan 3:23
   leemos: "Y éste es su mandamiento... que nos amemos
   los unos a los otros". La idea de que fuiste creada para
   relacionarte con otros, ¿de qué manera te ayuda a invertir tu
   tiempo, energía, y recursos con sabiduría?

UN DESAFÍO PERSONAL

La autora compartió: "Generalmente no esperamos sentirnos
plenas cuando hemos dado algo.... ¿Y si dar amor es lo más
gratificante que podemos hacer?". Considera a alguien en tu
vida que se beneficiaría de algo que tienes para dar: sea tiempo,

energía o recursos. Esta semana, como nunca antes, muéstrale amor a esa persona. Te aconsejo que mantengas un registro de tus pensamientos durante esta experiencia.

El amor no se negocia

. . .

Dios *es* amor, y refleja amor. Todo lo que es hermoso en nuestra vida proviene del amor. Para que estemos en relación con Dios y para que experimentemos una vida hermosa, debemos amar como Él ama. El amor no es simplemente una linda idea; es un mandamiento de Dios que nos habilita para experimentar paz, plenitud, y alegría.

Cuando amamos, somos bondadosos y gentiles con las personas. Esto incluye a los miembros de nuestra familia (sí, *todos* ellos): hermanos, hijos, cónyuges, padres y "Perico, el tío loco". Significa que somos amables y gentiles con nuestras amigas, con nuestros compañeros de trabajo y la gente con que interactuamos todos los días: meseros y funcionario de correo. También significa que somos amables y gentiles con nuestros enemigos.

Es fácil como cristianos enredarnos en los detalles complicados de nuestra fe. Pero si consideramos lo que Jesús enseñó y la manera en que vivió, entonces el aspecto más importante de su enseñanza es este: simplemente amen. De hecho, Jesús nos dice en Mateo 22:37–39: "'Ama al Señor tu Dios con todo tu corazón, con todo tu ser y con toda tu mente'. El segundo se parece a éste: 'Ama a tu prójimo como a ti mismo'".

CAPÍTULO CUATRO

Dios es amor

"Dios es amor."

1 JUAN 4:8

Cuando mi hijo, Tyler, tenía cuatro semanas de edad, lo llevé a su primera visita al médico. Para mí, él era el bebé más perfecto del mundo. Yo había pasado esas cuatro semanas de su vida mirándolo, asimilando la creatividad de Dios reflejada en él. No podía creer lo chiquito que era: ¡sus labios, deditos y orejitas!

La cita médica comenzó de manera rutinaria. El pediatra lo pesó y lo midió, y yo esperaba con entusiasmo que me dijera cuánto había crecido. El médico le examinó los ojos, los oídos, y el latido de su corazón. Todo parecía estar bien. Pero cuando sujetó las piernas de Tyler e hizo movimientos circulares (como lo hacen los médicos en el control de bebés), percibí una mirada de preocupación en su rostro.

"Quiero tomar unas radiografías de las caderas de Tyler", me dijo finalmente.

Por poco me desvanecí. ¿Qué estaba sucediendo? ¿Por qué querría radiografías? ¿Qué significaba eso? Mi mente se aceleró con miles de posibilidades, pensé en lo peor que podría suceder.

El pediatra en seguida se llevó a Tyler para tomarle unas radiografías, y yo me quedé esperando, orando que todo estuviera bien. Sin embargo, cuando el pediatra volvió, trajo consigo a un especialista ortopédico.

El especialista dijo con indiferencia: "Su hijo tiene displasia congénita de cadera. Es bastante severa. Si esta condición no se corrige, nunca podrá caminar normalmente".

Todo lo que el médico dijo después de esa noticia pasó a un segundo plano, quedó detrás de mi mareo y del fuerte latido de mi corazón. Las lágrimas corrían por mis mejillas cuando vi que envolvían el cuerpo de mi pequeño Tyler con un rígido soporte. Todo lo que estaba sucediendo parecía una pesadilla. ¿Era posible que realmente lo estuviera viviendo?

Esa tarde, lo único que quería hacer era abrazar a Tyler. No era fácil sostener a un bebé en semejante soporte rígido, pero no me importaba. Cada trozo de mi corazón pedía a gritos por él y anhelaba de alguna manera protegerlo de la dificultad y el dolor inevitables que enfrentaría. Mientras mecía a Tyler para dormir, oraba que de algún modo pudiera darle mis caderas sanas, aunque tuviera que tomar sus caderas enfermas.

Amaba tanto a este bebé. Tenía miedo que la gente se burlara de él, que sufriera dolor físico, que no fuera capaz de llevar una vida normal. El temor se apoderó de mí en ese momento, mientras permanecía sentada, meciendo a mi bebé. Lloré y clamé a Dios.

"¡Por favor, ayúdame!"

En ese momento de silencio, Dios habló algo muy claro a mi corazón. Dijo: "Kerry, amo a Tyler más de lo que tú lo amas. Y mi amor por ti es mayor que tu amor por Tyler". Me pregunté: *¿Cómo es posible? Amo tanto a Tyler. ¿Cómo es posible que el amor de Dios sea mayor que el mío? Yo lo amo más que nada en el mundo.*

Mientras reflexionaba sobre cuánto nos amaba Dios a Tyler y a mí, me inundó una paz indescriptible. Pensé en la conexión que había entre mi deseo de intercambiar mis caderas sanas por las caderas defectuosas de Tyler, y la manera en que Jesús se sacrificó desinteresadamente sobre la cruz por mis pecados. Él me amó *tanto* que intercambió su vida sana por mi vida enferma. Él tomó mi lugar.

El amor de Dios es amplio, inmensurable, imperecedero, y redentor. Él ama, venga lo que venga. Nosotros amamos porque Él nos amó primero. #unavidahermosa

El amor que yo sentía por Tyler era una mínima parte —simplemente un reflejo— del amor que Dios tiene hacia todos nosotros.

Tyler estuvo con el soporte o un yeso de cuerpo entero hasta los veinticuatro meses. Fue también diagnosticado con otro tipo de displasia cuando tenía cinco años, y tuvo varias cirugías cuando era adolescente. Pero hoy, Tyler, además de ser esposo y padre, es tan sano como cualquier otro hombre de su edad. Anda normalmente, corre, juega al béisbol, al baloncesto, y al fútbol, y por lo general disfruta de una vida activa.

Yo hubiera deseado que Tyler no sufriera el dolor de la displasia de cadera, pero estoy agradecida por la lección que aprendimos como familia. A veces, Dios nos dio la fuerza necesaria para enfrentar el momento. Otras veces, trajo gente solidaria que nos diera una mano. Una vez, trajo sanidad milagrosa luego de meses de inflamación y dolor a causa de una cirugía.

Pero, más que nada, amar a mi hijo a través del dolor de su displasia de cadera me enseñó acerca del amor de Dios. Cuando Dios nos mira, Él no ve lo que nosotros vemos. Él no ve las cicatrices y los defectos. Él ve a su *hijo* e *hija*.

¿Puede imaginar el dolor emocional de Tyler si él de alguna manera hubiera pensado que tenía que superar su enfermedad física para que nosotros lo amáramos? Si tú eres madre, estarás de acuerdo conmigo cuando digo que esa idea es *ridícula*. Pero a menudo nos dirigimos a nuestro Padre celestial de esa manera: pensamos que tenemos que recobrar la compostura y estar completamente bien antes de poder experimentar su amor.

¿Y si sencillamente confiamos en su amor?

Jesucristo nos ama de tal manera que nos sienta en su regazo, con soporte rígido incluido. Nos ama lo suficiente para mecernos hasta que nos durmamos, mientras Él llora por nuestro dolor y quebranto. Nos ama tanto que intercede ante el Padre por nosotras. Nos ama lo suficiente para intercambiar sus "caderas sanas" por nuestras caderas defectuosas; para intercambiar su vida sin pecado por nuestra vida pecaminosa.

Así nos ama Dios. ¿Lo crees?

El amor transforma

Nuestra comprensión del amor de Dios es importante en todos los aspectos de la vida: para nuestra relación con Él, nuestra relación con otras personas, y nuestra comprensión de nosotras mismas. Es tan básico que no podemos comenzar a vivir una vida cristiana hasta que no entendamos primero la plenitud del amor de Dios.

Primera de Juan 4:8 afirma: "Dios *es* amor" (énfasis mío). En Juan 15:13 leemos: "Nadie tiene amor más grande que el dar la vida por sus amigos". Primera de Juan 4:19 reitera: "Nosotros amamos a Dios porque él nos amó primero". El amor es el punto de partida, el punto de llegada, y todos los demás puntos en medio. En otras palabras, es el amor de Dios el que llega a nuestro interior y nos cambia de adentro hacia fuera. Sólo gracias a su amor podemos ofrecer este amor vivificante a otras personas.

El amor es lo único que importa.

La doctora Caroline Leaf, autora de *¿Quién me desconectó el cerebro?*, durante años se ha dedicado a investigar el efecto de los pensamientos negativos en el cerebro humano. Sus descubrimientos muestran que hay dos emociones humanas fundamentales: el temor y el amor. Del temor viene el enojo, la amargura, el desánimo, la falta de honradez, la tensión emocional, y la depresión. Del amor viene la alegría, la paz, la paciencia, la amabilidad, el bienestar y la plenitud.[3]

Ella explica que, si vivimos en temor, no podemos vivir en amor. Y si vivimos en amor, no podemos vivir en temor. Eso es exactamente lo que leemos en 1 Juan 4:18: "...el amor perfecto echa fuera el temor". Esto también se aplica a mi historia con Tyler. Comencé con miedo el día de su revisión médica, pero terminé en amor. Cuando el temor estaba presente, el amor no podía manifestarse. Una vez que entró el amor, el temor se disipó. El amor de Cristo me enseñó a amar a mi hijo. Cambió mi actitud y, en última instancia, trajo sanidad y redención a la historia.

El amor de Dios me cambió de adentro hacia afuera.

Si estás enfrentando una situación difícil en tu vida ahora mismo, si estás dejando que el temor domine, tal vez pienses: *Kerry, para ti es fácil decirlo. Tu historia tuvo un final feliz. Pero*

> NUESTRA COMPRENSIÓN DEL AMOR DE DIOS ES IMPORTANTE EN TODOS LOS ASPECTOS DE NUESTRA VIDA: PARA NUESTRA RELACIÓN CON ÉL, NUESTRA RELACIÓN CON OTRAS PERSONAS, Y NUESTRA COMPRENSIÓN DE NOSOTRAS MISMAS.

no es mi caso. Mi hijo se está muriendo de cáncer. Mi madre me abandonó. Mi esposo ya no quiere estar conmigo. Aunque sólo puedo imaginar el dolor que estás sintiendo ahora, quiero animarte. Por años y años, no supimos cómo terminaría la historia de Tyler. Pero en esos días de incertidumbre y temor, Jesús me enseñó acerca de su amor.

La comprensión de su amor es el cimiento de nuestra confianza. Sin ella sería imposible vivir el resto de la vida cristiana y, de hecho, todo lo que sugiero en este libro sería imposible. Tratarás de amar pero no será suficiente, y posiblemente te sentirás usada, abusada, y agotada. Tal vez te sientes así ahora mismo. Quiero animarte: ¡No hay nada malo en ti! Simplemente estás tratando de amar con tus propias fuerzas, y no puedes amar verdaderamente a otras personas hasta que conozcas el amor del Padre celestial.

Quiero que sepas lo siguiente: el amor de Dios es vasto e inmensurable. Nunca falla. Trae redención y permanece para siempre. Su amor es vida y gracia para nuestra vida. Él es la fuente de amor. Él nos ama primero para que luego podamos amar a otras personas. Si tú quieres seguir a Jesús de todo corazón, y quieres establecer relaciones más profundas y significativas, debes saber que el amor no se negocia. La buena noticia es que Jesús es la fuente de amor y Él nos da todo lo que necesitamos para experimentar una vida llena de amor y belleza.

* * *

"La razón por la cual pecamos es la incomprensible falta de amor, y la razón por la cual Él nos salvó es la incomprensible abundancia de su amor".

PETER KREEFT, *JESUS SHOCK*

CAPÍTULO CINCO

El mensaje de Jesús, un mensaje de amor

"Este mandamiento nuevo les doy: que se amen los unos a los otros. Así como yo los he amado, también ustedes deben amarse los unos a los otros"."

JUAN 13:34

Yo sabía que el mandamiento más grande era amar a otras personas, pero no me fue fácil vivir de esa manera. ¿Alguna vez te has sentido así? Sabía que Jesús quería que amara a otras personas, y que yo experimentara su amor por mí y, de hecho, Él me había mostrado su amor de tantas maneras. Sin embargo, cuando de poner los pies sobre la tierra se trataba, los programas, los objetivos, las estrategias, y las responsabilidades, siempre se interponían en el camino del amor.

Mientras preparaba este libro, viajé a Israel. No estaba muy entusiasmada con el viaje, aunque sabía que era una oportunidad increíble. *Quería* estar entusiasmada con el viaje, pero tenía tantas cosas en la mente y tantos proyectos de los cuales ocuparme en mi hogar de Springfield, que se me hacía imposible estar completamente presente en el momento.

La mente me daba vueltas. Tenía un libro que escribir, y necesitaba hacer mis indagaciones antes de escribirlo. Tenía que dirigir un equipo de personas en la oficina. Había estado viajando sin descanso durante varias semanas justo antes del viaje a Israel, y estaba preocupada porque no sabía si les había dado suficiente dirección para que pudieran hacer bien su trabajo.

Nunca olvidaré cuando el avión aterrizó en Tel Aviv y mi teléfono comenzó a hacer todos los sonidos que hace después de un viaje internacional: vibraba y hacía un ring detrás de otro con correos electrónicos, mensajes de texto, y llamadas no atendidas. Sentí un peso abrumador sobre mis hombros y respiré profundo. *Dios, ¿qué estoy haciendo aquí? Debería estar en mi oficina.*

¿Alguna vez te ha sucedido algo semejante? ¿Sentir que debías estar en dos lugares al mismo tiempo (por ejemplo, en el recital de danza de tu hija y en el partido de béisbol de tu hijo, que están programados para la misma hora)? ¿Te has sentido dividida cuando llega el tiempo de las fiestas, pensando que los miembros de la familia están dispersos en diversos lugares del país? *¿Tendría que estar aquí o allá?* Tal vez, estando de vacaciones, lo único que llenan tus pensamientos es cuánto trabajo te espera en casa.

Al llegar a Israel, no sabía que Dios me había puesto exactamente donde Él quería que estuviera.

Bajé del avión con mi grupo, y encontramos a nuestro guía de turismo, que nos estaba esperando en la sala de llegada. Su nombre es Marc, y nos guió hasta el autobús, donde nos ayudó a cargar las maletas y otras pertenencias. Cuarenta y cinco minutos después de que el avión aterrizó, estábamos todos sentados en el autobús. Miré por la ventana del autobús y pensé de nuevo: Dios, *¿qué estoy haciendo aquí?*

En ese momento, la voz de Marc salió por el altavoz. Dijo: "Quiero que sepas que estás aquí porque Dios quiere pasar tiempo contigo en este lugar". Quedé con la boca abierta. Fue como si, en ese momento, Dios me hubiera hablado directamente a mí. Fue como si me hubiera dicho: *Kerry, no me preocupan todas las cosas que tienes que hacer allá en Springfield. Tu equipo estará bien sin ti. Están en mis manos. Escribirás tu libro, aunque no trabajes en él durante esta semana. Lo más importante ahora es que pases tiempo conmigo. Tengo algunas cosas que mostrarte.*

Ahí mismo, en el autobús, experimenté un momento de intimidad con Dios. Él me habló como un esposo a su esposa: *¡Sólo quiero pasar tiempo contigo! ¿Podrías detenerte un segundo para que pueda compartir algunas verdades importantes contigo?*

"Jesús no nos dio una teología sistemática, pero sí nos enseñó cómo amar."
—Marc Turnage
#unavidahermosa

Durante los siguientes días, mientras recorríamos Israel, Marc compartió hechos y detalles de la vida de Jesús. Ver los lugares en persona fue como experimentar las historias de la Biblia otra vez, pero con más peso y realidad de lo que había sentido antes en mi vida. Pensé en todos los pasajes de la Biblia que había oído decenas de veces y dialogué conmigo misma: ¡esos relatos sucedieron *aquí*!

Uno de los pasajes que Dios trajo a mi mente fue la historia de la mujer adúltera, que los líderes religiosos arrastraron a la plaza de la ciudad. Ahí, en Israel medité cómo fue *realmente* para ella cuando, desprotegida y expuesta, la sacaron directamente de su acto pecaminoso. Imaginé a Jesús, que con voz poderosa y firme habló a la bulliciosa la multitud: "Aquel de ustedes que

esté libre de pecado, que tire la primera piedra" (Juan 8:7). En la
visualización de mi mente, lo vi arrodillado, dibujando algo en el
suelo.

Pensé en Dios, que descendió al polvo entre todos nosotros,
para escribirnos una carta de amor. Pensé en la multitud
enardecida y burlesca, que nos recuerda nuestras faltas y fracasos,
y nos dice como "debemos" vivir. Pensé en Jesús, que levantando
la mano, anula las críticas, y nos dice: "Ahora vete, y no vuelvas
a pecar" (v. 11). Así es cuánto le importa el amor a Jesús.

El amor era lo más importante para Jesús. Cuando dijo que
el mayor mandamiento es amar, lo dijo con toda seriedad.

Mientras yo recorría el lugar en el cual "no debía estar", un
país lleno de lecciones de historia y recordatorios tangibles del
Hijo de Dios, nuestro guía de turismo, Marc, dijo algo que nunca
olvidaré: "Jesús no nos dio una teología sistemática, pero sí nos
enseñó cómo amar". Nunca antes lo había visto de ese modo
pero, cuanto más exploraba el país de Israel, tanto más aprendía
de la vida de Jesús, y me daba cuenta de eso que era verdad.

Si no tenemos una buena comprensión de qué es el amor,
no hemos entendido nada.

El mayor ejemplo de amor

Si queremos aprender a amar —y cómo amar verdaderamente—
debemos mirar a Jesús. Él es el ejemplo. Durante su vida aquí en
la tierra, tuvo muchas exigencias que demandaban de su tiempo.
Cuando viajaba con sus discípulos, centenares de personas lo
seguían, venían a conocerlo, y lo detenían en la calle para pedirle
ayuda. No sé qué piensa, pero yo me hubiera sentido abrumada
con todas esas expectativas.

Pero, a diferencia de mi, Jesús no se sintió abrumado por esos pedidos. Él no sintió que, de no cumplir con esos pedidos, no estaría viviendo a la altura de alguna expectativa arbitraria. Sobre todo, Él no permitió que su destino o propósito de su venida fuera un obstáculo para mostrar amor y ayudar a las personas. Él sabía exactamente lo que su Padre le había encomendado, y lo hizo con convicción y fuerza.

Lloró con María y Marta. Alimentó a cinco mil personas. Tocó al leproso. Sanó al ciego. Restauró al hombre discapacitado con la mano atrofiada. Lavó los pies de su traidor. Pidió a Juan que cuidara de su madre. Ofreció gracia a una mujer sorprendida en adulterio y, por supuesto, perdonó al pecador colgado a su lado sobre una cruz.

Mientras caminaba por Israel, pensé que si Jesús estuviera en la tierra en nuestro tiempo, no se distraería con argumentos teológicos o la presión de presentarse como "alguien" importante. No cedería a la presión de la cultura de permanecer ocupado y alcanzar todo lo que pudiera. Él sabía exactamente lo que debía hacer y quién era. Él era Dios, y su misión era amar a la gente.

> QUEREMOS APRENDER A AMAR —Y CÓMO AMAR VERDADERAMENTE— DEBEMOS MIRAR A JESÚS.

Considera la repercusión de esto para nosotras. Cuál sea tu condición hoy —si eres una mamá ocupada, que trabaja, o una mujer sorprendida en algún tipo de pecado (todas hemos experimentado eso, ¿no es así?)—, hoy Dios quiere revelarte algo: Su mensaje es un mensaje de amor. Él no te condena, sino que te ama. Lo que te pide es sencillo: *tan sólo ama.* Su promesa a cambio es sencilla: *Si quieres, puedo darte Una vida hermosa.*

No necesitas entender la teología de Jesús para vivir la vida con Él. Sólo debes aceptar su amor. No necesitas llenar tu horario de actividades o elogios para impresionarlo a Él o a las demás personas. Sólo necesitas su amor. Necesitas experimentar su amor, y necesitas compartir su amor con otras personas.

De hecho, es justamente en la manifestación de amor a otras personas que mostramos nuestro amor a Jesús.

* * *

"'Ama al Señor tu Dios con todo tu corazón,
con todo tu ser y con toda tu mente'.
Éste es el primero y el más importante de
los mandamientos. El segundo se parece a éste:
'Ama a tu prójimo como a ti mismo'".

JESÚS

CAPÍTULO SEIS

Nuestro amor a otros revela nuestro amor a Dios

"De este modo todos sabrán que son mis discípulos,

si se aman los unos a los otros"

JUAN 13:35

Sabía que era importante tratar a otras personas con respeto y esmero, pero no me di cuenta de cuán importante en verdad es hasta mi viaje a Israel. Ahí fue cuando Dios me recordó que la manera en que trato a otras personas no es algo que hago para ser "agradable". El modo en que trato a la gente —los compañeros de trabajo, mi amiga, quien me atiende en el restaurante— refleja lo que siento por Dios.

Un día, durante nuestro recorrido, visitamos el camino que conecta a Jerusalén con Jericó: el lugar de la famosa parábola de Jesús del buen samaritano (Lucas 10). Supongo que has oído la historia. Un hombre yacía en la orilla del camino, cruelmente golpeado y herido, y un amable transeúnte lo ayuda, lo lleva a un hotel y cura sus heridas. La historia se hizo tan conocida, que se extendió más allá de los círculos cristianos, y se convirtió en un relato popular.

El *"buen samaritano"* es un término que usamos para describir a la persona que ayuda a los necesitados.

La parte más notable de esta parábola no es sólo que un ser humano se detuvo para ayudar a otro que estaba en necesidad. Lo más asombroso de esta historia es que un samaritano se detuvo para ayudar a un judío. Los samaritanos y los judíos ni siquiera se hablaban entre sí, con menor razón se esperaba que uno cuidara al otro.

Aunque he oído esa parábola muchas veces, mientras Marc nos refería la historia ese día, la escuché de una nueva manera. Lo que una vez fueron simples palabras sobre una página, cobraron vida para mí. Y comencé a pensar en el increíble hecho de que todas las personas que debieron detenerse para ayudar a ese hombre no lo hicieron. Y, por otro lado, el hombre de quien menos se esperaba, se detuvo y ayudó al herido.

Cuando pasamos por alto necesidades que podemos satisfacer, no sólo ignoramos a nuestros hermanos y hermanas. La manera en que tratamos a esas personas refleja lo que sentimos hacia Dios.

Jesús nos llama a tener la fe de un niño. ¿Qué haría un niño? Seguramente haría lo mismo que hizo Jesús, lo mismo que hizo el buen samaritano: dar amor, *más allá* de lo que alguien merece, sin juicio ni esperanza de recibir algo a cambio. Éste es el tipo de amor que produce un verdadero cambio. Es el tipo de amor que nos atrae a Jesús, y el tipo de amor que atraerá a la gente a Él.

Antes de que dejáramos la ruta de Jericó, Marc dijo algo que hizo que toda la lección se cristalizara. Expresó: "Soy padre. Y como padre, sé que la manera de amarme a mí es amar a mi hijo. Y también sé que la manera más rápida de hacerme enojar es maltratar a mi hijo". Hizo una pausa antes de terminar. "Creo que Dios siente lo mismo. Creo que todos necesitamos pensar con más cuidado sobre cómo tratamos a los hijos de Dios".

Mientras hablaba, las palabras penetraron en mi corazón. Sabía que estaba en lo cierto. Siendo madre, entendía exactamente el sentimiento del cual hablaba. También sabía que era culpable de haber tratado a otras personas de un modo en el que nunca querría tratar a Dios. ¿Le hablaría a Jesús del modo en que hablo a mi esposo? ¿O de la manera que hablo al inoportuno vendedor que llama por teléfono justo cuando nos sentamos a cenar? ¿O la cajera que me cobra de más? ¿O la mujer que tarda una eternidad en la fila del supermercado?

> ¿Y si la justificación es lo justo en relación a otras personas como lo justo en relación a Dios? #unavidahermosa

¿Me quejaré y protestaré? ¿Mostraré desconfianza? ¿Albergaré amargura y falta de respeto? ¿Sería tan controladora? Si la manera en que trato a otras personas refleja en verdad cómo trato a Jesús, quizá tenga que examinar cómo trato a la gente.

Reflejar el amor de Cristo

Luego de regresar de Israel, le conté a mis amigos de mi experiencia. Quería que todos supieran el cambio que había experimentado; y quería que otros también lo experimentaran. No se trataba de que en mi vida antes no hubiera amor (no era el caso), pero cuanto más cambiaba mi conocimiento del amor —de un conocimiento "ahí afuera" en el mundo, de un conocimiento en la cabeza, a un conocimiento que experimenté en lo profundo de mi corazón—, la vida se tornó más real, hermosa, y gozosa.

Sentía como si alguien me hubiera abierto la puerta a un secreto impresionante, y quería susurrar ese secreto a una fila de personas.

¿Alguna vez has considerado que la manera en que tratas a otras personas es un reflejo de lo que sientes hacia Dios? ¿Es posible que la tensión en la relación con otros impida que tengamos una relación satisfactoria con el Señor, que crezca con fuerza? Si en verdad tenemos una relación con Él, con toda razón nos sentimos incómodas cuando hay tensión en el trato con nuestros semejantes. Por eso Dios quiere que entendamos bien este asunto del amor. Cuando le hablamos mal a nuestro esposo, menospreciamos a nuestros hijos, o no somos compasivas hacia una amiga en necesidad, realmente reflejamos menosprecio e indiferencia hacia Dios.

> ¿ALGUNA VEZ HAS CONSIDERADO QUE LA MANERA EN QUE TRATAS A OTRAS PERSONAS ES UN REFLEJO DE LO QUE SIENTES HACIA DIOS?

Puede ser que ahora mismo te quejes. Es posible que estés pensando: *Está todo muy bien para ti, Kerry, pero no tienes idea de la gente a la que he tenido que soportar en la vida. Es gente abusiva, manipuladora, mala, con la cual es prácticamente imposible relacionarse. Mis compañeras de trabajo me tratan mal sin ninguna razón. Mi madre es irrespetuosa y controladora. Mis hijos no me respetan. Y ni hablar de mi esposo...*

Si esos son tus pensamientos, quiero animarte: podemos tener una vida hermosa de amor hacia Dios y hacia otras personas. Hay una diferencia entre amar a las personas y dejar que esas personas se aprovechen y abusen de nosotras. Hablaré de eso en los próximos capítulos. Por ahora, descansemos en la esperanza de que es posible cambiar esta realidad al cambiar la manera en que amamos.

No puedo mentir y decirte que será fácil. Pero más allá de lo tóxicas que sean las personas en tu vida, tú puedes detener el ciclo de insensatez. Tienes el poder para elegir cómo responderás. Eso puede significar terminar una relación o demarcar mejor los límites. (Hablaré más de eso en los siguientes capítulos.) Pero cuando recibas el poder para amar —aun a la gente que no merece ese amor—, el enojo, la frustración, y la amargura se desvanecerán. ¡Ya no habrá más lugar para el temor! Todo el espacio que ocupa el temor será absorbido por el amor.

Cuando elijas hacer esto en obediencia y por amor a Dios, tu capacidad de amar se incrementará, tu gozo crecerá, y tu vida se convertirá (aunque suceda lentamente) en una vida hermosa. Cuando ames a las personas, verás cómo éstas se transforman delante de sus ojos. Cuando ames a las personas, revelarás tu amor por Dios y esto llenará tu vida de gozo.

Espero que me acompañes en el próximo paso de este recorrido.

* * *

"Veo a Dios en cada ser humano.
Cuando estoy curando las heridas del leproso,
siento que estoy cuidando al mismo Señor.
¿No es ésta una hermosa experiencia?"

MADRE TERESA

Profundización de la
SEGUNDA PARTE—EL AMOR NO SE NEGOCIA

DIÁLOGO O PREGUNTAS PARA REFLEXIONAR

1. Dios es amor. Él revela su amor de muchas maneras. Lee el
   Salmo 139 y dialoga acerca de las maneras en que el amor de
   Dios se revela mediante el mensaje de ese capítulo.

2. Jesús nos enseñó a amar. Lloró con María y Marta. Alimentó
   a cinco mil personas. Tocó a los intocables. Sanó a los
   enfermos. Lavó los pies de su traidor. Pidió a Juan que
   cuidara de su madre. Perdonó al pecador colgado en una cruz
   a su lado. ¿Cómo te desafía hoy su mensaje de amor?

3. La autora habló del desafío que presentó el guía de turismo:
   "Soy padre. Y siendo padre, sé que la manera más rápida de
   amarme a mí es amar a mi hijo. Y también sé que la manera
   más rápida de hacerme enojar es maltratar a mi hijo". ¿Cómo
   interactuarías con las personas que son parte de tu vida si las
   vieras claramente como hijos e hijas de Dios y comprendieras
   de verdad el amor de Dios hacia ellos?

UN DESAFÍO PERSONAL

Esta semana, resuelve que verás a cada persona que encuentres como un hijo de Dios muy amado por Él. Piensa cómo querría Él que trates a las personas. Escribe lo que Dios te revele.

La dinámica "unos a otros" en tu vida

• • •

Hace unos años, quería ver exactamente qué decía Jesús acerca del amor en el Nuevo Testamento. Además de los numerosos mandamientos de amar a Dios y de amarnos unos a otros, hay decenas de pasajes acerca de cómo debemos tratarnos "unos a otros". Estos versículos nos convocan a vivir en armonía "unos con otros", a perdonarnos "unos a otros", y a llevar las cargas "unos de otros", entre muchas otras cosas.

Esos versículos los atesoré con todo cariño y se convirtieron en mis pasajes "unos a otros". Los estudié con atención y comencé a implementar los principios básicos en mi vida. Los compartí con las mujeres de la oficina, con mi esposo, mi nuera, y mis amigos. Quería difundir la palabra que sentía que Dios me estaba enseñando.

En la primera y segunda parte de este libro, he compartido algunas de las razones por las cuales creo que el amor es tan poderoso, y te invité a que vieras cómo la vida puede cambiar si aprendes a ser un canal del amor de Dios. Hablé de Jesús como el ejemplo de amor, y te insté a que vieras que a Dios le preocupa cómo amas más que cualquier otro aspecto de tu vida.

Tal vez te preguntes cómo funciona este asunto del amor. Hablando de manera práctica y desde la vida real, ¿cómo se vería una vida llena de amor? Esta sección y la que le sigue te ayudará a descubrir y a practicar el amor en tu vida.

Compartiré algunas historias personales y algunas anécdotas de mis amigas, pero la historia más importante en la que debes pensar mientras lees es la tuya. Mientras comparto acerca de mi experiencia, te animo a que te preguntes: *¿Cómo puedo amar mejor a otras personas?* Dios quiere que entendamos bien este deber. Él te está invitando a una vida hermosa.

CAPÍTULO SIETE

Necesitamos variedad de relaciones

"Vivan en armonía unos con otros. No sean tan orgullosos como para no disfrutar de la compañía de la gente común. ¡Y no piensen que lo saben todo!"

ROMANOS 12:16, TLA

Mientras Dios me enseñaba cómo se ama mejor, una de las primeras cosas que me mostró fue la importancia de tener una variedad de relaciones en la vida. Es fácil (o al menos bastante fácil) amar a las personas que son como yo, pero amar a las personas que han tenido experiencias que no he vivido, que están en otra etapa de la vida, qué tienen otro temperamento, o a quiénes no entiendo, es mucho más difícil. Amar a estas personas requiere tomar una decisión consciente y dejar mis propios intereses de lado.

Cuando elegí amar a personas que no son como yo, y dejé que ellas me amaran, mi vida fue más hermosa.

Hace unos años, mi esposo y yo íbamos con frecuencia a un restaurante en la ciudad donde vivíamos. La mayoría de las veces, nos atendía la misma persona: una mujer joven que era madre soltera, lo cual descubrimos con el tiempo. Era diferente de mí, más diferente que cualquier otra persona en mi vida hasta el momento. Era más joven, de otro origen étnico, teníamos una educación diferente, y cada una nuestra propia historia familiar. No era cristiana. Si la hubiera conocido fuera de ese contexto, no sé si hubiéramos sido amigas. Después de todo, no teníamos nada en común.

Pero ella tenía una personalidad fuerte que no se podía ignorar.

Nunca olvidaré la primera vez que vino a nuestra mesa. Dijo: "Más vale que se apuren y pidan… no tengo toda la tarde". Luego desplegó una sonrisa tan reluciente que podría haber iluminado toda la sala.

> CUANDO NOS RELACIONAMOS CON GENTE QUE ES DIFERENTE DE NOSOTRAS, VEMOS QUE EL PODER DEL AMOR ABRE EL PASO A UNA VIDA HERMOSA.

Así era ella: directa y sincera, al punto que la envidiaba. No filtraba sus pensamientos, sino que hablaba, levantando su confiada voz, y hacía un millón de preguntas. A lo largo de los años en que fuimos a ese restaurante, quedé fascinada con ella.

Su risa era contagiosa. Pensaba en cosas en las que yo nunca hubiera pensado. Sus preguntas me hacían considerar la vida desde una perspectiva diferente. Cada vez que estaba con ella, aportaba algo nuevo a mi punto de vista. A través de la hermosa relación que desarrollé con esta mujer, Dios me enseñó que a veces las personas que no escogeríamos como amigas (o hermanos, o compañeros de trabajo, o suegros) son precisamente a quienes Dios quiere usar para ayudarnos a ser como Él.

A veces suceden cosas poderosas cuando, de una manera u otra, amamos deliberadamente a personas que son *diferentes* de nosotras (sea que estén en una etapa distinta de la vida, o que tengan experiencias o personalidades diferentes). Vemos que opera el poder transformador del amor. Nuestras relaciones laborales se vuelven más productivas y estimulantes. Nuestro matrimonio y las amistades florecen y crecen. Nuestra relación con los miembros de la familia se profundiza y es más provechosa.

Nuestras relaciones mejoran en todas partes. Nuestra vida puede ser más hermosa.

El regalo de la diversidad

Sin duda, nuestra tendencia es acercarnos a personas que son como nosotros. Queremos estar alrededor de personas que comparten nuestra fe, nuestro nivel socio-económico, la etapa en la vida, e incluso el barrio donde vivimos. En cierto modo, es lo normal. Las experiencias que compartimos forjan amistades. Sin embargo, si fracasamos en la práctica de amar a las personas que son diferentes de nosotras, perderemos la belleza, la alegría, y la plenitud de la vida que Dios nos ofrece.

Amar a personas que son exactamente como nosotras es bastante fácil. Cuando nos relacionamos con gente que es diferente de nosotras, vemos que el poder del amor abre el paso a una vida hermosa.

Deliberadamente, Jesús formó una comunidad de hombres y mujeres diferentes de Él —que provenían de otros contextos y que habían tenido otras experiencias de vida—, para que se juntaran y compartieran la vida bajo el estandarte del amor de Dios.

Imagínese a los discípulos. Entre ellos había algunos pescadores de la clase trabajadora, un recaudador de impuestos, un zelote... todos reunidos para aprender unos de otros y para seguir a Jesús. La iglesia primitiva siguió este mismo modelo.

No sé cómo serán las relaciones de su vida, pero sé que es fácil caer en la rutina de las relaciones cómodas. No hay nada de malo con este tipo de relaciones, pero sin duda limitan nuestra conexión con personas que no son como nosotras. ¿Te has hecho el propósito de pasar tiempo con personas que no son como tú? Si respondes que no a esta pregunta, no te sientas culpable. Considéralo más bien como un incentivo para recibir a las personas que te rodean y que no son como tú, así podrás dar y recibir la hermosura del amor de Dios.

> Cuando nos relacionamos con gente diferente de nosotras, se nos abre el paso a la vida plena que Dios tiene para nosotras.
> #unavidahermosa

Estas relaciones cambiarán tu vida. ¡No limites tu vida al relacionarte con un solo tipo de personas! La relación con personas que tienen necesidades especiales nos sitúa en lo que es fundamental en la vida humana: la dependencia mutua. La relación con ancianos nos enseña a avanzar con más calma, a escuchar historias, y a conectarnos con nuestra historia. La relación con familiares conflictivos o criticones nos enseña a ejercitar la gracia en nuestro trato con las personas y en la manera en que nos vemos nosotras mismas. La relación con personas que se han apartado de Dios nos da la oportunidad de ser sal y luz.

Si ves grietas en sus relaciones, te animo a que no esperes que otro haga el cambio. Asume la responsabilidad de hacerlo tú misma.

Si no eres mentora de nadie, pide a Dios que traiga a tu vida una persona a quien bendecir con tu tiempo y energía (créeme, ¡tú tienes algo hermoso para ofrecer!). Si no tienes una mentora, piensa en alguien a quien pedirle que tome esa posición en tu vida. Si no estás preparada para tener una mentora a tiempo completo, sencillamente busca a alguien a quien respetes, que haya avanzado más en el camino y a quien quieras imitar. Invítala a tomar un café o a almorzar y aprovecha de hacer preguntas y escuchar.

Mientras te ocupas en desarrollar una variedad de relaciones en tu vida, te alegrarás al descubrir que cada una de esas personas satisface diferentes necesidades y aporta distintos valores. Cada persona te motivará a crecer y a desarrollarte en diversos aspectos. Ya verás cómo el poder transformador se propaga en tu vida y a través de ella. Prepárate, porque la gracia de Dios manifestada a través de otras personas te asombrará. ¡Cómo quisiera escuchar tu historia!

*   *   *

""Estoy tan agradecida por la amistad.
Hermosea tanto la vida."
LUCY M. MONTGOMERY, *ANA, LA DE AVONLEA*

CAPÍTULO OCHO

¿A quién ha puesto Dios en tu vida?

"Todos debemos apoyar a los demás, y buscar su bien.
Así los ayudaremos a confiar más en Dios"

ROMANOS 15:2, TLA

Todas tenemos personas en la vida que nos vuelven locas (si participas en un grupo pequeño, no mires a tu derecha o izquierda). Tú ya sabes a la clase de persona a la que me refiero. Alguien que parece crear dramatismo en cada situación, que de continuo cita palabras fuera de contexto, que es constantemente negativa y crítica, y que hace un infierno de cada minuto que pasamos con ella.

Hay momentos en que necesitamos establecer un límite para la gente tóxica que nos rodea en la vida (hablaré más de los límites en la novena parte de este libro). Pero hay otros momentos en que es posible amar a tales personas en la situación en que están, más allá de lo difícil que parezcan. Eso no es *fácil*. Hay que ser una persona fuerte para amar a alguien de carácter desafiante. Pero ¿si el amor puede cambiar a esa persona de adentro hacia afuera? ¿Y si el amor es lo único que necesita? ¿Y si dar ese tipo de amor te cambia a ti también?

Hace varios años, enfrenté el desafío de amar a una persona de quien me costaba estar cerca. Lideraba un grupo pequeño de unas treinta mujeres. Cada viernes por la noche, venían a mi casa, y pedíamos pizza o hacíamos tacos. Nos sentábamos en el sofá, comíamos, y estudiábamos la Biblia.

Yo era joven, había estado poco tiempo en el ministerio, y estaba llena de energía, así que pasaba mucho tiempo preparando lo que compartiría con esas mujeres. Pero, todas las semanas, sucedía lo mismo. Las mujeres venían, cada una tomaba su comida, se sentaban en la sala, y veintinueve de ellas escuchaban con atención. Y había sólo una en el grupo que interrumpía constantemente.

Me interrumpía mientras trataba de enseñar, e interrumpía a las demás mujeres cuando trataban de responder a mis preguntas. Suscitaba dramatismo y encendía alegatos y, cada vez que hablaba, levantaba la voz y atraía la atención hacia ella misma. Era espantoso para todas las personas presentes.

Con toda sinceridad, lo primero que pensé fue pedirle que no viniera más. Después de todo, ¿no era acaso su presencia la que impedía que llevara a cabo el ministerio con el resto de las mujeres? Su conducta era irresponsable e irracional. Incluso tenía una marcada tendencia a la agresividad, ¿o era así? Es increíble con cuanta rapidez comenzamos a justificar una solución que desplaza a las personas, simplemente porque son poco convenientes.

De inmediato, cuando esos pensamientos vinieron a mi mente, el Espíritu Santo me redarguyó. Sentí que Dios me redargüía que no era necesario pedirle que se fuera. Me recordó que ella necesitaba mi amor y aliento más que cualquier otra persona del grupo. Sentí que el Señor decía: "La traje a este lugar para que la amaras". Respiré hondo, y susurré: "Bueno, ¡pero necesito que me ayudes a hacerlo!"

Desde ese día en adelante, mi misión fue amar a esa mujer en su quebranto. Sucedió de manera sobrenatural. Cuando Dios la traía a mi pensamiento, oraba por ella. Ella asistía fielmente a ese grupo pequeño, y encontré momentos para hablar con ella en privado respecto a buenas y malas maneras de relacionarse con las personas. Ella comenzó a aportar a las conversaciones de una manera más sana y, cuando tenía uno de

¿Y si la gente de su vida que más la frustra está ahí por alguna razón? #unavidahermosa

sus arranques, Dios me dio la gracia de verla como una niña, una mujer que claramente había sido herida en su juventud.

De a poco, las demás mujeres del grupo se sintieron más cómodas con ella. Cuanto más aceptada y amada se sentía, tanto más disminuía su impertinencia. Cuanto más disminuía su impertinencia, tanto más fácil era amarla.

Justo cuando la situación dio un giro positivo, mi marido y yo decidimos mudarnos de la ciudad. Cierto día, al anochecer, alguien llamó a la puerta de adelante. Cuando fui a atender, escuché llantos del otro lado. Era esta mujer, y estaba llorando.

Lo primero que me vino a la mente era que algo trágico había sucedido en su familia. Con frecuencia, exhibía un rostro duro y solía tener un porte cortante, pero nunca la había visto quebrada de esa manera. La invité a entrar. Cuando se sentó en el sofá, dijo en voz baja: "¡*No puedes* mudarte! Eres la única persona que jamás me ha amado".

Mientras luchaba por amar a esta mujer con mis propias fuerzas, el amor de Dios había fluido de mí hacia ella de maneras significativas. Su vida fue transformada, y la mía también. Nunca más ninguna de nosotras sería igual.

Esa experiencia me enseñó una lección maravillosa: cuando oramos para amar a alguien, Dios nos da todo lo que necesitamos para amar a esa persona con su amor. Es una de las oraciones más importantes que podemos hacer. Recibimos su amor de gracia para poder darlo de gracia.

Amar a la persona insoportable

Considera a las personas en tu vida. Con algunas es fácil estar, pero con otras es más difícil. Algunas han sido parte de tu vida por mucho tiempo (tus padres y hermanos), y otras llegan a tu vida solo por un tiempo (un profesor o un jefe), e incluso otras llegan a tu vida por un instante (una mesera o la persona en el coche contiguo, que también espera la luz verde). ¿Y si cada una de esas personas fue puesta ahí por una razón, tanto para el bien de ellas como el bien suyo? Dios está en cada detalle de nuestra vida. Él ordena cada uno de nuestros pasos. ¿Verdad que esto es maravilloso? Si tomamos esto en serio, tal vez cambie nuestra manera de tratar a las personas en nuestra vida. Comenzaremos a ver que cada persona fue formada por Dios y, aunque las circunstancias de la vida hayan distorsionado el diseño original, todavía sigue siendo creación de Dios, hecha a su imagen. Aunque una persona parezca

> CUANDO ORAMOS PARA AMAR A ALGUIEN, DIOS NOS DA TODO LO QUE NECESITAMOS PARA AMAR A ESA PERSONA CON SU AMOR.

irrespetuosa, y amarla parezca una molestia, Dios tiene algo que enseñarnos y mostrarnos cuando amamos como Él lo hace.

Me sorprende lo fácil que nos resulta menospreciar a las personas difíciles. ¿Y si Jesús las ha guiado a nosotras por alguna razón en especial? ¿Y si quiere revelar su amor a esas persona a través de nuestra vida?

Como mencioné antes, amar a personas difíciles no es fácil. De hecho, sería más fácil alejarlas de nuestra vida, desdeñarlas, o esperar a que se fueran. Pero, si hacemos eso, dejamos pasar la obra que Dios quiere hacer en nuestro corazón y en el de la otra persona. Si está lidiando con personas difíciles en su vida, aquí hay algunos puntos importantes en que pensar:

LLEVA A DIOS LO QUE PERTENECE A DIOS. A veces nos frustramos con las personas difíciles porque esperamos que nos apoyen, nos satisfagan, o nos amen de una manera que sólo Dios puede hacerlo. Por ejemplo, si estás molesta con alguien en tu vida porque constantemente te critica, piensa por qué tomas con tanta seriedad sus palabras. Pide a Dios que te dé un panorama claro de tus circunstancias, a pesar de esas palabras duras. Pídele que te revele tu verdadero valor e importancia, y en qué áreas todavía necesitas crecer. Cuando dejes de esperar algo de esas personas (algo que, por cierto, no pueden dar), podrás amarlas genuinamente.

ORA. No puedes amar a nadie con tus propias fuerzas, y algunas personas son tan difíciles que ni siquiera *queremos* mostrarles amor. Pide a Dios que te dé la fuerza para amar a la gente de la manera en que Él la ama. Cuando yo hice eso, Dios me enseñó a ver a la gente como niños. Eso no implica mirar con menosprecio a alguien, sino simplemente ver a la persona en su condición más pura y vulnerable. La mayoría de las personas difíciles simplemente están heridas y enojadas, y son la versión adulta de niños heridos.

PIENSA QUE LA PERSONA TIENE UNA INTENCIÓN POSITIVA. La mayoría de las personas, por lo general, hace lo mejor que puede. Aplica ese pensamiento a aquellos que encuentres en tu camino. Cuando vemos a las personas de esta manera, podremos responder de manera positiva, incluso ante el comportamiento más negativo.

EVITA LA CONDUCTA NEGATIVA PARA CONTROLAR A OTRAS PERSONAS. Tácticas como la vergüenza, la manipulación, el control, el enojo, tal vez son soluciones rápidas, por eso recurrimos a ellas de inmediato. Pero la manipulación y el control sólo empeoran una situación. La meta es no controlar el comportamiento de las personas con las que nos encontramos, sino amarlas a pesar de su comportamiento. El resto lo dejamos en manos de Dios.

* * *

"Cuando ya no podemos cambiar nuestras circunstancias, el desafío es que cambiemos nosotros mismos".

VICTOR FRANKL

CAPÍTULO NUEVE

Viudas, huérfanos, y extranjeros

"Él defiende la causa del huérfano y de la viuda, y muestra
su amor por el extranjero, proveyéndole ropa y alimentos.
Así mismo debes tú mostrar amor por los extranjeros,
porque también tú fuiste extranjero en Egipto"

DEUTERONOMIO 10:18–19

Hasta ahora, he hablado de cómo sería si diversificaras las relaciones en tu vida, de la necesidad de notar a las personas que Dios trajo a tu vida, más allá de lo difíciles que puedan ser. Pero el capítulo final de esta sección tal vez sea el diálogo más importante acerca de las personas a quienes Dios nos llama a amar. Éste es un aspecto fundamental de la vida cristiana: debemos amar al huérfano, a la viuda, y al extranjero.

Siempre estuve consciente del mandamiento de Dios de amar al huérfano, a la viuda, y al extranjero, pero no estaba segura de cómo poner esto en práctica en mi vida diaria.

Cuando comencé a estudiar los pasajes "unos a otros", también comencé a pedir a Dios que me mostrara ejemplos de huérfanos, viudas, y extranjeros. Todavía estoy aprendiendo, y Dios me ha mostrado a otras personas que cumplen este mandamiento de una manera hermosa.

Un ejemplo es mi amiga Jessica. Una noche, ella estaba viajando en avión a su hogar, con escala en el aeropuerto de Atlanta, cuando conoció a una pareja joven (los llamaré Alex y Gaby). Jessica de inmediato los notó porque al hablar reconoció el acento de Alex y Gaby. Ella había estado en Irán muchas veces y estaba segura de que eran de ahí. Cuando notaron el retraso del vuelo, le pidieron información a Jessica, y esto dio inicio a una conversación.

Cada uno debe llevar su propia carga, pero a veces las personas tienen cargas que no pueden llevar solas. Lleven los unos las cargas de los otros. #unavidahermosa

Jessica les preguntó a dónde iban, y ellos dijeron que a Branson, Missouri. El avión viajaba a Springfield, la ciudad natal de Jessica, que está a unos sesenta y cuatro kilómetros de Branson. Cuando ella les preguntó a Alex y Gaby qué harían en Branson, explicaron que venían a pasar el verano para trabajar en el restaurante de un hotel.

Jessica, Alex y Gaby abordaron el avión y, como era de esperar, se sentaron uno al lado del otro. Jessica sabía que sin duda éste era un encuentro concertado por Dios.

Cuando el vuelo estaba por llegar a su destino, Jessica preguntó: "¿Cómo llegarán al hotel después de aterrizar?"

"Pensamos tomar un taxi", respondió Alex.

Jessica se preocupó. Lo que Alex y Gaby no sabían era que, como estaban aterrizando al anochecer, sería muy difícil y muy costoso tomar un taxi hasta Branson.

Puesto que Alex y Gaby no tenían dinero extra, Jessica comenzó a pensar en otras posibilidades. Al final, decidió llamar al hotel que los había contratado para ver si el encargado podía enviar un servicio de traslado. Él dijo que sí, pero dijo que serían varias horas hasta que el traslado llegara al aeropuerto. Jessica se tenía que ir —se había comprometido a hacer una torta en la iglesia esa noche— pero el aeropuerto estaba cerrando, y ella no quería dejar a esta joven pareja desamparada, en un lugar desconocido. Por tanto, los invitó a venir con ella.

Subió a su automóvil a dos personas completamente desconocidas, y condujo hasta la iglesia.

Una vez que llegaron a la iglesia, su marido ofreció mostrarles el edificio mientras ella se encargaba de la torta. Mientras recorrían el lugar, la pareja notó una inscripción en la pared que leía: "Todo lo que hagas por el más pequeño de estos, lo haces por mí".

Luego, mientras Jessica llevaba a la pareja al aeropuerto para que abordaran el servicio de transporte, Alex preguntó acerca de ese dicho. "¿Ese dicho está en su Biblia?"

"Así es", respondió ella.

Jessica mantuvo el contacto con Alex y Gaby por unos meses. Los visitó en Branson, y les dijo que si ellos alguna vez necesitaban algo, los ayudaría con gusto. Comieron en la casa de Jessica y pasaron bastante tiempo con su familia. Cuando era tiempo de regresar a Irán, ellos la llamaron para avisarle que su vuelo salía de Nueva York, pero que no tenían forma de llegar allí. Ella los ayudó a conseguir toda la documentación necesaria para viajar, como también la reserva del vuelo a Nueva York.

Jessica y su esposo tomaron tiempo de sus vacaciones para llevar a Alex y Gaby a las afueras de Saint Louis para tomar su vuelo, pagaron por su equipaje con las millas de viajero frecuente de Jessica, y se aseguraron de que esos jóvenes iraníes tuvieran todo lo que necesitaban antes de enviarlos en su viaje.

Su familia invirtió tiempo, energía, y recursos económicos en personas completamente desconocidas de otro país. Más tarde, Jessica me dijo: "Si ellos hubieran sido mis hijos en un país extranjero, me hubiera gustado que alguien hiciera lo mismo por ellos". Yo no sé si a ti te sucede lo mismo, pero esta historia me resulta inspiradora. El amor que Jessica mostró a esta joven pareja me recuerda el abundante amor que Dios nos ofrece día a día.

Se me ocurrió, mientras pensaba en la historia de Jessica, que toda persona tiene un valor inmensurable a los ojos de Dios. El amor de Dios se manifestó de un modo real y tangible cuando Jessica trató con amor a Alex y a Gaby.

¿Por qué huérfanos, viudas, y extranjeros?

No sé si te sucederá, pero a veces encuentro que es fácil vivir el día sin prestar mucha atención a las necesidades que hay a mi alrededor. Otras veces, noto una necesidad, pero no me dedico a suplir para ella porque no quiero sacrificar los recursos, o porque no quiero enredarme en un problema que "no es de mi incumbencia".

¿Puedes identificarte con esto? ¿Alguna vez sentiste un impulso de conectarte con alguien, pero decidiste no hacerlo (como la última vez que viajaste en avión y sólo quisiste dormir la siesta)?

Jesús resiste esa mentalidad. Dice que la razón de que somos bendecidos es para bendecir. La razón de que ejercemos cierta influencia es para apoyar a las personas que no la tienen. La razón de que tenemos dinero es para compartirlo. La razón de que tenemos medios es para ponerlos a disposición de otras personas. Mi amiga Jessica es un excelente ejemplo de cómo se aplica este principio a la vida práctica.

> TODA PERSONA TIENE UN VALOR INMENSURABLE A LOS OJOS DE DIOS.

Cada persona debe llevar su propia carga (hablaré más de eso en los siguientes capítulos), pero a veces tenemos cargas que son demasiado pesadas para llevarlas solos. En ese caso, somos llamados a llevar los unos las cargas de los otros. Somos llamados a observar las necesidades y suplirlas de maneras innovadoras.

Jesús tiene un interés profundo por la justicia y tiene compasión por los débiles y marginados. Él se complace cuando nos desviamos de nuestro camino, como mi amiga Jessica, para ayudar a personas en necesidad. Cuando nos esforzamos por amar a las personas que tienen menos que nosotras —que tienen necesidades concretas y tangibles—, demostramos el amor de Dios y abrimos paso al reino de los cielos.

¡Ésa es una vida hermosa!

* * *

"La única razón para tener influencia es para defender a aquellos que no la tienen".

RICK WARREN

Profundización de la
TERCERA PARTE—LOS "UNOS A OTROS" EN TU VIDA

DIÁLOGO O PREGUNTAS PARA REFLEXIONAR:

1. Todas necesitamos una variedad de relaciones en nuestra vida. Lee la descripción de los tipos de relaciones en la página 56. ¿Qué tipo de relación sientes que falta en tu vida hoy? ¿Cómo puedes invertir deliberadamente en ese tipo de relación?

2. ¿A quién puso Dios en tu vida? ¿Y si las personas que son causa de las mayores frustraciones en nuestra vida están puestas ahí por alguna razón? Lee las ideas en la páginas 63, 64 que son ayuda para lidiar con personas difíciles. ¿Cómo pueden esos pasos darte una perspectiva sana?

3. Debemos defender la causa de las viudas, los huérfanos, y los extranjeros. Rick Warren dijo: "La única razón de tener influencia es para defender a aquellos que no la tienen". ¿Qué sucedería si abrieras los ojos a las necesidades a tu alrededor?

UN DESAFÍO PERSONAL

Considera con cuidado a toda persona que sea "un otro" en los "unos a otros" de tu vida: ya sea tu familia, tus compañeros de trabajo, tus amigas, o tus vecinos. En un cuaderno, escribe el nombre de cada persona y lo que cada una aporta a tu vida. (Recuerda, las personas difíciles pueden enseñarnos tanto como las personas agradables.) Luego considera lo que tú aportas a la vida de estas personas. Esta semana, expresa tu aprecio explícitamente hacia alguna de estas personas.

Amar es un verbo

• • •

Hay muchos malos entendidos acerca de lo que es el amor y cómo opera. Tal vez ésta sea la razón de que siempre nos es difícil amar a nuestro prójimo como a nosotros mismos.

En los próximos capítulos, mi esperanza es poner en evidencia algunos de los mitos que hemos creído acerca del amor, y convencerte de que el amor no es un pensamiento o un sentimiento. El amor es una *acción*. De hecho, Dios es la fuente suprema del amor, y el demostrador supremo: Él "demuestra su amor por nosotros en esto: en que cuando todavía éramos pecadores, Cristo *murió* por nosotros" (Romanos 5:8, énfasis mío). Él demuestra su amor en la muerte de Cristo.

En otro pasaje de la Biblia acerca del amor, 1 Corintios 13:1, Pablo dice algo trascendental: "Si hablo en lenguas humanas y angelicales, pero no tengo amor, no soy más que un metal que resuena o un platillo que hace ruido". En otras palabras, hablar del amor, proclamar el amor, compartir el amor en su muro de Facebook o con mensajes en Twitter no es lo mismo que responder con amor.

Si el amor está determinado por lo que *hacemos*, ¿cómo te va en esto de amar a tu prójimo? ¿Y a la cajera del supermercado? ¿Y a tu esposo? ¿Cuándo fue la última vez que *hiciste algo* que mostró amor por cada uno de ellos?

Si el amor es una acción y no un sentimiento, todo cambia. Significa que el amor es algo que elegimos y controlamos, y no algo que nos sucede. Significa que el odio no es lo opuesto al amor, como solemos pensar. Mas bien es la indiferencia. Muchas de nosotras (incluso yo misma) somos culpables de negarnos a amar a otras personas, pero no con pensamientos de venganza, sino con una actitud de desinterés.

La meta es que abramos nuestro corazón para dar y recibir más amor. Puede parecer desafiante —y de algún modo lo es— pero, por lo general, es maravilloso. Recuerda que fuimos creadas para esto. Fuimos diseñadas para amar.

Cuando comiences a *vivir el amor*, comenzarás a vivir una vida hermosa.

CAPÍTULO DIEZ

"Sentir" frente a "obedecer"

"Ahora que se han purificado obedeciendo a la verdad y tienen un amor sincero por sus hermanos, ámense de todo corazón los unos a los otros".

1 PEDRO 1:22

Tal vez a tí te suceda lo mismo, pero no siempre yo *tengo ganas* de amar a otras personas. Cuando alguien de la iglesia me dice algo que me lastima, *tengo ganas* de responder de la misma manera. Cuando mi esposo me ha hablado con brusquedad, he *tenido ganas* de responderle mal a él. Cuando la cajera del supermercado me dice algo irrespetuoso, *tengo ganas* de informarle a su supervisor su pésimo servicio al cliente. Pero la Biblia dice que somos llamados a amar, aun cuando no tenemos ganas. De hecho, el amor que manifestamos sólo cuando *tenemos ganas* de amar, no es amor en lo más mínimo.

Esta práctica de amar cuando no tengo ganas fue puesta a prueba hace varios años en mi vida.

Mi amiga Sonora y yo nos conocíamos desde hace muchos años cuando ella lastimó profundamente nuestra familia. Éramos amigas cercanas. Habíamos trabajado juntas en algunos proyectos, pasábamos tiempo juntas todas las semanas, e incluso habíamos charlado acerca de cómo sería la vida en el futuro (cuando todavía fuéramos amigas). Pero, un día, hizo algo que perjudicó mi confianza en ella.

Con toda sinceridad, me hirió. Me sentí traicionada y extrañaba su compañía. Para colmo, me di cuenta de que le estaba comentando a nuestras demás amigas acerca del conflicto, esparciendo información distorsionada de lo que realmente había sucedido.

Traté de no pensar ni hablar al respecto, ni exagerar, pero mi enojo y mis sentimientos lastimados se agudizaron. Me negué a hacer comentarios, a pesar de mi preocupación de defender el buen nombre de mi familia. Cada vez que la veía, esos sentimientos horribles emergían en mi corazón, pero sonreía y recordaba que debía ser amable.

> APRENDÍ QUE PUEDO LLEVAR MIS SENTIMIENTOS "FEOS" A DIOS, ASÍ COMO LLEVO LOS QUE SON "HERMOSOS", LO CUAL HIZO QUE MI RELACIÓN CON ÉL FUERA MÁS PROFUNDA Y PROVECHOSA.

Durante ese tiempo, leí y enseñé del libro *Principios de Jesús sobre las relaciones*, escrito por Tom Holladay, y estoy tan contenta de que se dio de esa manera, porque era el tiempo justo. Tom da consejos prácticos acerca del amor y el perdón que realmente me ayudaron a través del conflicto con Sonora. Es muy difícil mostrar amor hacia alguien cuando no *tiene ganas* de amarla en lo más mínimo.

Tom dice que a veces sentimos que somos hipócritas cuando actuamos con amor sin sentirlo, pero no lo somos, sino que somos obedientes.[4]

Esta perspectiva me ayudó tanto con Sonora. Sí, estaba lastimada. Sí, estaba enojada. Sí, me sentía traicionada. Pero mis sentimientos negativos hacia ella no implicaban que no la amaba; más bien, significaban que estaba lastimada. Podía estar lastimada y todavía *elegir* amarla. A pesar de mis sentimientos, necesitaba actuar con amor hacia ella. Necesitaba llevar esos sentimientos negativos a Jesús y, en vez de actuar movida por esos sentimientos, necesitaba tratar a Sonora con amor.

Amarla no significaba que yo le restaba importancia a lo que había hecho para lastimarme, o que justificaba su comportamiento negativo. Realmente significaba que la trataría bien, aun cuando ella me había tratado mal. Significaba que le pedí a Dios que sanara el dolor que sentía, y que intentaría controlar mis pensamientos.

En este caso, no la enfrenté con mis sentimientos heridos. (En la sexta parte de este libro hablaré más respecto a cuándo y cómo tratar una ofensa.) En vez de eso, hice lo que Jesús enseña en Mateo 5:44: "Oren por quienes los persiguen". Dios me dio la gracia para amarla a pesar de mis sentimientos hacia ella, y a pesar de su negatividad hacia mí y hacia mi familia.

El resultado positivo fue asombroso e inesperado. Mis sentimientos hacia Sonora cicatrizaron y, además, evité los comentarios con mis amigas. Aprendí que puedo llevar mis sentimientos "feos" a Dios, así como llevo los que son "hermosos", lo cual hizo que mi relación con Él fuera más profunda y provechosa.

¿Es realmente efectivo?

Algunas de ustedes tal vez tengan sus dudas ahora mismo. Quizá piensen: *"¿Es esto realmente efectivo?"* O bien, *"Esa fue tu experiencia, Kerry, pero no conoces realmente mi situación. Eso nunca dará buen resultado en mi caso".* Entiendo que sientas de esa manera. Pero también entiendo que Dios no nos da mandamientos sin un propósito.

Piensa en tu trabajo. Es posible que no todos los días tengas ganas de trabajar, aunque te guste mucho lo que haces. ¿Cuándo fue la última vez que pensaste: "Mañana no trabajo. No tengo ganas de hacerlo"? Dudo que alguna vez dijeras algo semejante. Es más probable que hayas dicho: "No tengo ganas de ir al trabajo, pero iré de todos modos, porque es mi deber, y porque al final habrá una compensación".

¿Y si lo mismo se aplicara al amor?

Considera el ciclo positivo que puedes iniciar si eliges responder con amor, aun cuando no tengas ganas.

> Si dejamos que los sentimientos negativos guíen nuestra conducta, sólo engendramos más sentimientos negativos.
> #unavidahermosa

Digamos que tienes un conflicto con tu esposo. Los dos quedan con sentimientos negativos, que a su vez llevan a más pensamientos negativos. Tal vez pienses: *"¡Siempre se comporta de esta manera!"*, o bien, *"¡Qué egoísta!"* Mientras tanto, él está pensando lo mismo de ti. Si cada uno se deja llevar por sus sentimientos negativos acerca del otro, sólo alimentarán esos sentimientos, y el conflicto podría durar toda la vida.

Por otro lado, ¿que sucedería si decides responder de una manera contraria a toda lógica y contraria a los patrones culturales? ¿Y haces lo contrario de lo que sientes? Tal vez esa persona ha sido poco razonable o insensible, pero tú decides responder con amor de todos modos (créeme, sé que es difícil). De repente, los sentimientos de esa persona hacia ti cambian, y después sus pensamientos, y después sus acciones. ¡Avivaste el fuego de los sentimientos positivos en vez de los negativos!

Ese tipo de amor es inmerecido y es difícil de entregar en el momento, pero es como ir a trabajar cuando no tienes ganas de hacerlo... es lo que corresponde. Y te aseguro que los beneficios para tu relación con esa persona serán extraordinarios. ¡Estás sembrando para una vida hermosa!

¿Hay sentimientos negativos hacia alguien en tu vida? Esos sentimientos negativos, ¿hacen que te conduzcas sin amor hacia esa persona? Esas acciones sin amor, ¿incrementan tu indiferencia o la reducen? ¿Cómo sería para ti responder con amor, aunque no tengas ganas de hacerlo?

❋ ❋ ❋

"No se trata de hacer lo que tenemos ganas de hacer; se trata de hacer lo que Dios dice".

JOYCE MEYERS

CAPÍTULO ONCE

El amor se acerca

"Yo, el Rey, les diré: 'Lo que ustedes hicieron para ayudar a una de las personas menos importantes de este mundo, a quienes yo considero como hermanos, es como si lo hubieran hecho para mí'".

MATEO 25:40, TLA

La mayor parte de mi vida di por sentado que Mateo 25 era un pasaje que nos enseñaba cómo tratar a los pobres y dar a las misiones. Lo creía con todo mi corazón, e hice de estos principios una prioridad en mi vida. Y aunque dar para las personas necesitadas es bueno y necesario, no me di cuenta de que el mensaje de esta parábola se extiende mucho más allá de los pobres o de los que no conocen a Jesús. La manera en que tratamos a cada persona con la cual interactuamos en el curso del día es un reflejo de cómo tratamos a Jesús.

El amor no sólo se interesa por un problema distante. El amor no sólo envía dinero para respaldar una actividad lejana. El amor se acerca, así como se acercó Jesús para mostrar a Dios

Cada encuentro
personal que
tenemos es una
oportunidad de
mostrar amor.
#unavidahermosa

a los seres humanos que pisamos esta tierra. No sé si a ti te resulta convincente, pero a mí sí.

Un día, este pasaje cobró vida para mí de una manera completamente nueva. Al leer esos versículos, como lo había hecho una decena de veces, repentinamente se me ocurrió lo siguiente: "Estos hermanos *más pequeños*" no sólo representan a la gente de "ahí afuera" en el mundo que está lastimada o quebrantada, sino que representa a la gente que está cerca de mí, a las personas que Dios ha puesto en mi vida (un tema que se trató en el capítulo ocho). Estas personas también tienen necesidades, y Dios quiere usarme para satisfacerlas.

Puesto que creo que la Palabra de Dios es poderosa, y puesto que Él tiene poder para dar luz a las Escrituras en ti de la misma manera en que lo hizo en mí, quiero citar aquí el pasaje completo. Al leerlo, considera la proximidad del amor de Dios:

> Cuando el Hijo del hombre venga en su gloria, con todos sus ángeles, se sentará en su trono glorioso. Todas las naciones se reunirán delante de él, y él separará a unos de otros, como separa el pastor las ovejas de las cabras. Pondrá las ovejas a su derecha, y las cabras a su izquierda. Entonces dirá el Rey a los que estén a su derecha: "Vengan ustedes, a quienes mi Padre ha bendecido; reciban su herencia, el reino preparado para ustedes desde la creación del mundo. Porque tuve hambre, y ustedes me dieron de comer; tuve sed, y me dieron de beber; fui forastero, y me dieron alojamiento; necesité ropa, y me vistieron;

estuve enfermo, y me atendieron; estuve en la cárcel, y me visitaron". Y le contestarán los justos: "Señor, ¿cuándo te vimos hambriento y te alimentamos, o sediento y te dimos de beber? ¿Cuándo te vimos como forastero y te dimos alojamiento, o necesitado de ropa y te vestimos? ¿Cuándo te vimos enfermo o en la cárcel y te visitamos?". El Rey les responderá: "Les aseguro que todo lo que hicieron por uno de mis hermanos, aun por el más pequeño, lo hicieron por mí". Luego dirá a los que estén a su izquierda: "Apártense de mí, malditos, al fuego eterno preparado para el diablo y sus ángeles. Porque tuve hambre, y ustedes no me dieron nada de comer; tuve sed, y no me dieron nada de beber; fui forastero, y no me dieron alojamiento; necesité ropa, y no me vistieron; estuve enfermo y en la cárcel, y no me atendieron". Ellos también le contestarán: "Señor, ¿cuándo te vimos hambriento o sediento, o como forastero, o necesitado de ropa, o enfermo, o en la cárcel, y no te ayudamos?". Él les responderá: "Les aseguro que todo lo que no hicieron por el más pequeño de mis hermanos, tampoco lo hicieron por mí". Aquéllos irán al castigo eterno, y los justos a la vida eterna. (Mateo 25:31-46)

No sé si tú lo verás de la misma manera, pero a mí me resulta desafiante leer este pasaje con la comprensión de que cada interacción con un ser humano es un reflejo de cómo trato a Jesús. Piensa en la trascendencia de esto. Cada vez que preparo comida para una amiga que acaba de dar a luz su bebé, o invito a una joven soltera a mi casa para la cena del día de Acción de Gracias, o me detengo para comprar una taza de chocolate caliente para una mujer que está mendigando al costado del camino, o tomo tiempo para escuchar los problemas de mi compañera de trabajo, lo hago a Jesús.

A Jesús le importa que demos dinero a organizaciones benéficas y a misiones. Sin embargo, Él da la *misma importancia* a la manera en que expresamos nuestro amor a las personas que están cerca de nosotras.

Al comprender realmente este pasaje de la Escritura, veo cada encuentro personal como una oportunidad para vestir, alimentar, y consolar a Jesús. Cada día se me presentan oportunidades para suplir necesidades tangibles de personas que Dios pone en mi camino. Cada día se me dan oportunidades de acercarme más a la gente que Dios me ha confiado. En cada uno de esos momentos, tengo la oportunidad de expresar mi amor por Cristo.

El poder de la cercanía

Acercarse sugiere aproximarse a otras personas, e invitarlas a que se acerquen a nosotras. Mi esposo, Mike, un pastor de años, dice: "Pertenecer es el comienzo de creer y de llegar a ser". En otras palabras, cuando las personas sienten que pertenecen a cierto lugar —cuando sienten que son parte de un grupo y que hay gente que cuida de ellas—, pueden creer en Jesús y llegar a ser lo que Dios dispuso que fueran desde el principio.

La mayoría de la gente cree que sucede al revés. La mayoría de nosotras, tal vez inconscientemente, actuamos conforme a la siguiente premisa: una persona debe *creer* en Jesús y *llegar* a *ser* digna de amor antes de que la aceptemos en nuestra comunidad. Pero el amor se aproxima, incluso a las personas que no lo merecen. El amor invita a que la gente sea parte. El amor incluye. *Pertenecer* es el comienzo de creer y de llegar a ser.

¿Puedes pensar en un momento en el que alguien se te acercó, incluso cuando no pediste ayuda, o cuando sentías que no lo "merecías"? Tal vez fue en nueva una ciudad o en una iglesia, y alguien te invitó a entrar. Tal vez en la escuela te sentiste sola, y alguien te invitó a que te sentaras a su mesa para almorzar. ¿Cómo te hizo sentir esa invitación? Me imagino que fue una experiencia increíble que te cambió la vida.

> CADA DÍA SE ME PRESENTAN OPORTUNIDADES PARA SUPLIR NECESIDADES TANGIBLES DE PERSONAS QUE DIOS PONE EN MI CAMINO

Acercarse no es sólo invitar a la gente, sino concentrarnos en las necesidades de ellos antes que en las nuestras. Mi esposo y yo hemos hecho bastante consejería matrimonial a lo largo de los años, y uno de los temas más importantes, y más interesantes, que tocamos es lo que sucede después de la boda, en la habitación. La relación sexual: la imagen terrenal más poderosa de intimidad y el ejemplo máximo de "acercamiento" es mejor cuando ambas personas que forman la relación deciden enfocarse en el otro en vez de en sí mismos.

Esto se opone decisivamente a los patrones culturales y, por eso, a la mayoría de las mujeres les resulta un poco difícil de creer. Pero aconsejé a unas cuantas parejas cristianas para saber que es cierto. Cuando la esposa piensa primero en las necesidades y deseos de su esposo que en las suyas (¡uy!), y el esposo hace lo mismo, con el tiempo descubren una gran intimidad.

Cuando somos egoístas, nuestras relaciones serán poco sanas.

Me pregunto si te sientes insatisfecha, no sólo en el matrimonio, sino en todas tus relaciones. Tal vez sientes que tienes necesidades y que ninguna de ellas ha sido satisfecha. Tal vez te sientes desconectada, desprovista de amor, y olvidada. Es posible que la respuesta a tu problema no sea la satisfacción plena de tus propias necesidades, sino tu dedicación a satisfacer las necesidades de otras personas. Tal vez la respuesta sea: *acercamiento.*

¿Y si vieras tu relación de la manera en que el campesino ve sus cosechas? Todos los días, el campesino se levanta y se ocupa de sus sembradíos. Se esfuerza al máximo sabiendo que, si descuida el cultivo, no tendrá nada para comer después de la cosecha. Reflexiona con detenimiento sobre el cuidado que debe dar a cada planta. El campesino riega, abona, y cuida el cultivo. Sabe que si él no cuida de sus campos, nadie lo hará. Asume la responsabilidad de ese cuidado.

Eso es amor. El amor piensa con anticipación. El amor planifica. El amor visita, alimenta, riega, suple para las necesidades, y espera para ver el crecimiento. ¿Quiénes son las personas en tu vida que necesitan eso? ¿Te estás acercando a ellas?

Cuando elegimos acercarnos a las personas que necesitan de nuestro amor, cuando cuidamos de ellas, y suplimos para sus necesidades, sucede algo extraordinario. También se satisface una de nuestras necesidades más profundas e importantes: honrar a Jesús. Cualquier cosa que hacemos por las personas que Dios ha puesto en nuestra vida, lo hacemos por Él.

. . .

"El amor es la estimación precisa y el suministro adecuado para las necesidades de otra persona".

DICK FOTH

CAPÍTULO DOCE

La apatía es lo opuesto del amor

"Entonces les contestaré: 'Como ustedes no ayudaron ni a una de las personas menos importantes de este mundo, yo considero que tampoco me ayudaron a mí'".

MATEO 25:45, TLA

E l pasaje de Mateo 25 que tratamos en el capítulo anterior, fue mi constante tema de reflexión. Me pregunté: *¿Por qué no amo como debiera a los que están a mí alrededor? Veo que hay necesidades, ¿por qué, entonces, no me muevo para cubrir esas necesidades? Con toda diligencia doy dinero a organizaciones benéficas, a las misiones y a la iglesia, pero ¿por qué no dedico más tiempo o recursos para ayudar a las personas que están más cerca de mí?*

Pensé en diversas razones. Por ejemplo, logísticamente es más fácil enviar dinero que preparar comida. Estoy ocupada y sin duda soy un poquito egoísta (como todas las personas). Tengo otras cosas en la mente. Pero me di cuenta de que, desde el ángulo emocional, es más fácil ayudar a las personas que están lejos de mí. No tengo que sentir tanta compasión. Escribir un cheque no requiere de mucha energía o emociones. Pero ayudar a alguien que está cerca es mucho más difícil y la situación se puede complicar.

> LA APATÍA NO SÓLO NOS IMPIDE AYUDAR A OTRAS PERSONAS, SINO QUE NOS IMPIDE EXPERIMENTAR UNA VIDA HERMOSA.

Cuando nos acercamos a las personas lastimadas o necesitadas, es imposible que a uno no le importe. Es fácil permanecer enojada con mi esposo si permanezco emocionalmente distante de él, pero cuando le pregunto por qué está lastimado, y él comienza a decirme, lo más probable es que mi enojo se desvanezca y se convierta en compasión. Es fácil juzgar a una mujer que se para en la esquina por las malas decisiones que la llevaron ahí, pero cuando me acerco y escucho su historia, es imposible no sentir compasión por las dificultades que ha tenido que enfrentar.

Cuando nos acercamos a otras personas, sufrimos con ellas, de la misma manera que Jesús se acercó para sufrir con nosotras.

Al meditar en la parábola de las ovejas y los cabritos de Mateo 25, me he planteado como un desafío personal acercarme a quienes están a mí alrededor, a vencer los obstáculos del tiempo, el dinero, los recursos, y a comenzar a suplir las necesidades de mi comunidad. Estoy enfrentando mi propio egoísmo y la protección de mis "derechos" para amar debidamente a otras personas.

Refutar el mito del odio

La mayoría de nosotras piensa que lo opuesto del amor es el odio, pero no es así. Elie Wiesel, conocido autor y sobreviviente de un campo de concentración, afirma en su celebre declaración: "Lo opuesto del amor no es el odio, es la indiferencia". En otras palabras, lo opuesto del amor es la *apatía*. Considere a un padre que gasta su dinero en drogas y alcohol mientras su hijo pasa hambre. Aunque el padre no esté haciendo nada intencionado para lastimar a su hijo, su negligencia hiere profundamente a la criatura. Todos estaríamos de acuerdo de que en esa situación, en el mejor de los casos, hay falta de amor y, en el peor de los casos, falta de dignidad. Pero lo mismo sucede con nosotras cuando vemos una necesidad y tenemos la capacidad de satisfacerla, pero decidimos no hacerlo.

Ya no podemos ignorar la importancia de esta actitud. La apatía no sólo nos impide ayudar a otras personas, sino que nos impide experimentar una vida hermosa. La buena noticia es que tenemos todo lo que necesitamos para acercarnos a las personas a nuestro alrededor y amarlas. Aquí hay unos pasos prácticos que nos ayudan a dar ese paso.

PRIMERO: DETERMINA CUÁL ES LA NECESIDAD. La mayoría de nosotras está tan encerrada en su propia vida —trabajar, llevar a los niños a sus actividades, preparar la cena, dormir un poco, y hacer todo de nuevo— que no tenemos idea de lo que sucede fuera de nuestro círculo. Para determinar cuáles son las necesidades a nuestro alrededor, debemos abrir los ojos.

Presta atención a las personas que ves a diario. Pregúntales cómo están. Nota la mirada en su rostro. La gente muchas veces dice que "está todo bien" pero, por los gestos, tú puedes notar que *no está* todo bien. Al establecer una relación con esas personas, ofrece tu ayuda de la manera en que puedas.

Ofrece orar por ellas y *hazlo*. Mejor aún, pregúntales si puede hacer una pausa y orar con ellas ahí mismo. Si eso las hace sentir incómodas, respeta sus deseos, pero orar en el momento puede ser muy positivo. Con frecuencia, durante la oración, el Espíritu Santo nos da un panorama sobrenatural de las necesidades de esa persona.

¿Te das cuenta de que no se puede determinar cuál es la necesidad de la persona sin antes acercarnos a ella?

La apatía nos impide experimentar una vida hermosa.
#unavidahermosa

LUEGO, DETERMINA CÓMO PUEDES SUPLIR LA NECESIDAD. Digo "de la manera que puedes", en vez de "si puedes", porque hay muchas maneras de suplir una necesidad. Por ejemplo, a veces la necesidad más obvia es algo costoso, complicado, que está fuera de nuestro alcance. Si una amiga está enfrentando un divorcio, tú no puedes ser su abogada, su consejera matrimonial, ni su asistente social (a menos que *tengas* alguno de esos oficios). Pero puede ofrecer un abrazo, una palabra de aliento, o un lugar seguro para que enfrente el sentimiento de pérdida.

Una de las mejores maneras de determinar cómo puedes suplir una necesidad es simplemente preguntando. Puedes decir: "Parece que tuviste una semana difícil. ¿Puedo hacer algo por ti?"

Cuanto más te acerques a las personas, tanto más las conocerás. Cuanto más las conozcas, tanto menos tendrás que preguntar: "¿En qué puedo ayudarte?" A aquellas personas con quienes mantienes un trato de amistad y servicio, tal vez puedas decirles: "Sé que perdiste el trabajo. ¿Puedo comprar provisiones para ustedes esta semana?", o bien, "Sé que tu esposo está en el hospital. ¿Puedo llevarte comida para que no tengas que cocinar?" Ése es un ejemplo de cómo amar a la gente de cerca.

POR ÚLTIMO, SI TE CUESTA ACERCARSE A LA GENTE, ENFRENTA TU PROPIA APATÍA. Ésta es la tarea más difícil de todas porque, en algún momento u otro, la mayoría de nosotras justificamos nuestra apatía. Sentimos que las necesidades de otras personas son abrumadoras, o que nosotras también tenemos demasiadas necesidades personales.

En vez de amar a los demás, la persona apática siente lástima por ella misma (es fácil caer en esa trampa) y espera que otros también se compadezcan de ella.

Si te sientes identificada, quiero animarte con amor a que enfrentes tu propia apatía.

¿Estás amando a la gente como corresponde? ¿Te estás acercando a otras personas?

No me malentiendas. No podemos hacernos cargo de todo (ni aun Jesús puso fin a todo el sufrimiento mientras estuvo aquí en la tierra), y tampoco sugiero que amemos motivados por un sentimiento de culpa. Pero cuando, con los que tenemos, hacemos todo lo posible para ayudar a aquellos que están en necesidad —en especial las personas más cercanas—, nuestro matrimonio cambia, nuestras relaciones se enriquecen, los muros se derrumban, y nos sentimos más vivas, ¡hermosamente vivas!

* * *

"Sería bueno que siempre le preguntemos
a Dios qué está haciendo y cómo
quiere que trabajemos con Él".

DALLAS WILLARD

Profundización de la

CUARTA PARTE—EL AMOR ES UN VERBO

DIÁLOGO O PREGUNTAS PARA REFLEXIONAR:

1. ¿Cuál es la diferencia entre dejar que nuestros sentimientos guíen nuestras acciones y obedecer las instrucciones de Dios? ¿Qué nos sucede cuando dejamos que los pensamientos negativos definan nuestra conducta? ¿De qué manera las buenas decisiones cambian nuestros sentimientos negativos?

2. El amor se acerca. Lee Mateo 25:31–46. La autora dice que comenzó a ver cada encuentro personal como una oportunidad para expresar el amor de Dios. ¿Cómo puede esa mentalidad cambiar la manera en que interactuamos con la gente cada día?

3. La apatía es lo opuesto al amor. Lee nuevamente Mateo 25:31–46. Éstas son unas de las palabras más aleccionadoras de la Escritura. Jesús no dice: "apártate de mí, porque eres un asesino y un mentiroso". Mas bien dice: "Apártate de mí porque fuiste apático; no respondiste con amor". ¿Cómo podemos hacer frente a nuestra apatía?

UN DESAFÍO PERSONAL

Puesto que el amor es mucho más que una emoción, ¿cómo puedes expresar amor esta semana a quienes tienes cerca tuyo? Considera encuentro personal como una oportunidad de expresar el amor de Cristo. Escribe en una libreta qué hiciste esta semana como expresión de amor.

Sé amable

* * *

Algunos sobrevivientes del holocausto, como Corrie ten Boom o Lillian Trasher y la Madre Teresa, nos han mostrado un maravilloso ejemplo de amor. Todos podemos aprender algo acerca del amor al considerar la vida estas extraordinarias mujeres.

Al mismo tiempo, hay cierto peligro si establecemos semejante ejemplo de amor como parámetro para nuestra vida. Podríamos sentir que no somos capaces de dar amor. Tal vez nos preguntaríamos si, para amar como ellas, deberíamos ir a otro país, o comenzar un ministerio para los desamparados. Con esa norma en mente, podríamos sentir que no tenemos los recursos, la personalidad, o que no sabemos cómo ser una persona con gran amor.

Sin duda, alguien que está leyendo este libro posiblemente se *mudará* a otro país o *comenzará* una organización sin fin de lucro o un ministerio. Habrá otras que no lo harán. De cualquier manera, en esta sección quiero hablar de la sencillez del amor. Tenemos todo lo necesario para ser hospitalarias, para mostrar gracia, y para servir. Eso no requiere de capacitación especial alguna, y no se limita a personas con cierto nivel de ingreso. Todas podemos mostrar amor de esta manera. Lo único que se necesita es un corazón humilde y dispuesto.

¿Tienes tú un corazón humilde y dispuesto?

Al leer los siguientes tres capítulos, piensa cómo puedes mostrar amor a las personas en tu círculo inmediato con solo ser amable. Piensa en maneras en que puedes utilizar lo que ya tienes. Sé creativa y considerada pero, por sobre todo, humilde y dócil. Pide a Dios que te muestre a la persona que Él quiere que ames.

Mientras recorres el sendero de la amabilidad, no te sorprendas si sucede algo maravilloso. Éste es el sendero a una vida hermosa.

CAPÍTULO TRECE

La hospitalidad bíblica no tiene nada que ver con Martha Stewart

"Practiquen la hospitalidad entre ustedes sin quejarse".

1 PEDRO 4:9

Para mí, es interesante que el versículo clave de este libro (1 Pedro 4:8) esté seguido por un mandamiento a practicar la hospitalidad. Cuando de la hospitalidad se trata, creo que la mayoría de las mujeres tenemos una de dos interpretaciones: o aceptamos el abrumador desafío de una hospitalidad extravagante que crea ambientes elaborados, dedica un tiempo exorbitante a la preparación de los alimentos, y mantiene una casa que parece de revista; o se dice a sí misma: "Eso es mucho trabajo... no creo que tenga el don de la hospitalidad".

No tiene nada de malo hacer un gran esfuerzo para que alguien se sienta cómodo en su casa, de hecho, la comida elaborada, las sábanas suaves y las camas tendidas a la perfección son cosas maravillosas. Pero no creo que la Escritura se refiera a eso cuando dice: "Practiquen la hospitalidad entre ustedes". No encaja con lo que sabemos de los miembros de la iglesia primitiva, muchos de los cuales *no* vivían entre lujos. A mi parecer, significa que debemos abrir nuestro corazón y abrir nuestras puertas unos a otros.

Para explicar a qué me refiero con esto, permítame contarle una historia.

Una amiga mía hace poco viajó a Guatemala para visitar a un niño al que patrocina. Después de su viaje, le pregunté cómo le había ido, y se le iluminó el rostro. Respondió: "Kerry, si tengo que usar una palabra para describir mi tiempo en Guatemala, diría: *hospitalidad*". Le pregunté qué quería decir con eso, y me dijo lo siguiente:

"Para ser sincera, yo creía que la hospitalidad era una gran prioridad en mi vida. Me crié en una familia que ofrecía alimentos y descanso a personas que lo necesitaban, en cualquier momento y sin reserva alguna, y siempre tuve el fuerte deseo de hacer lo mismo. Mi esposo y yo hablamos acerca de eso con frecuencia, de que una de las cosas que más queremos en la vida es tener un espacio que nos permita abrir nuestras puertas a amigos y desconocidos para que coman o tengan un lugar para dormir.

Todas las semanas, conversamos acerca de qué podríamos hacer exactamente para que la gente se sienta amada y cuidada en nuestro hogar, y soñamos con un espacio donde la gente se sienta cómoda y segura.

Pero recién en el viaje a Guatemala me di cuenta de que había estado *esperando* hasta tener una casa más grande y cosas más lindas para practicar la hospitalidad. Las familias de Guatemala me enseñaron lo que es realmente la hospitalidad.

En el tiempo en el que estuvimos ahí, varias familias tomaron gallinas de sus patios y las usaron para prepararnos comida. Esa comida no era elaborada según mis normas, pero es el tipo de platos que se sirve por lo general en bodas o festivales. Incluso, una de las familias nos ofreció una gallina viva para que la lleváramos a casa. (Yo estaba tan desilusionada de no poder aceptar el regalo. ¿Te imaginas cómo sería llevar una gallina a través de la aduana?)

Sus casas son de adobe y no tienen otra cosa que muebles improvisados y, aun así, nos invitaron con entusiasmo a su hogar. Me sentí muy impresionada. Siendo que mi esposo y yo estamos recién casados, y todavía construyendo nuestra vida, a veces me abstengo de invitar gente a mi hogar, pensando que mi casa no está "lista". Pero la gente de Guatemala no pensaba de la misma manera. Nos invitaban a que nos sentáramos a la mesa de la cocina o en sus *camas*, y que nos pusiéramos cómodos.

Su ropa lavada y tendida al viento, no la doblaban a la perfección ni la guardaban en armarios, pero nos invitaron de todos modos.

Cuando estábamos allí, las madres amamantaban a sus hijos delante de nosotros como la cosa más natural.

Hablaban abiertamente de sus luchas y necesidades, y nos invitaron a que compartiéramos así mismo con ellos. ('¿Cómo es que han estado casados por un año y medio y no tienen hijos?') Me encantaba la transparencia con la que se desenvolvían con nosotros y en su comunidad.

No esperaban hasta tener lo 'necesario' para compartir. Simplemente compartían. No esperaban hasta tener una casa o un espacio propicio para invitar huéspedes. No esperaban hasta tener el cuarto perfecto para huéspedes, o un hermoso sofá en forma de 'L', o una alacena llena de alimentos para invitar a los amigos a cenar. Tenían muy poco para dar, pero daban todo. Y por eso lo que daban parecía mucho.

Tengo tanto que aprender de ellos. Quiero aprender a dar como nos dieron, sin esperar a tener lo suficiente, porque ya soy suficiente, y ya tengo lo suficiente, y no tengo que esperar más. Ser hospitalaria es simplemente abrir la puerta a lo que ya tengo".

Cuando oí la historia de mi amiga, pensé: *"Sí, eso es. La hospitalidad es abrir la puerta a lo que ya tengo"*. Y si de verdad es tan sencillo, ¿por qué más de nosotras no practicamos la verdadera hospitalidad?

¿Qué impide que seamos hospitalarias?

Cuando le pregunté a mi amiga qué le había impedido ser hospitalaria antes de ese transformador viaje a Guatemala, ella respondió: "Creo que fue el orgullo". Ella explicó que había tenido miedo de invitar a personas a su casa o a su vida por temor a lo que pensaran de ella basados en lo que tenía o no tenía. Tenía miedo de que la gente pensara que su casa no era lo suficientemente linda.

Dijo: "Tenía miedo de que me rechazaran o se fueran".

En mi opinión, éste es un temor real y común. Y, sin embargo, no tiene fundamento. Lo más probable es que, cuando compartamos lo que tenemos con la gente sin compromiso alguno, su respuesta sea la misma que la que tuvo mi amiga hacia las personas de Guatemala: humildad, asombro y gratitud. Si la respuesta es diferente (palabras desagradables, juicio, etc.), la persona que queda mal no es la que da, sino la que recibe.

¿Puedes imaginar qué hubiera sucedido si mi amiga hubiera reaccionado de otra manera en Guatemala? Si después de que una de las mujeres de la aldea le hubiera preparado un caldo de pollo, y le hubiera ofrecido un tazón de sopa caliente con una sonrisa en el rostro, mi amiga le hubiera dicho: "¡Qué asco! ¡Nunca comeré eso!" ¿Quién habría quedado peor en esa situación? La respuesta es obvia. La hospitalidad siempre será un gesto *hermoso*.

"LA HOSPITALIDAD ES ABRIR LA PUERTA A LO QUE YA TENGO".

La hospitalidad permite *sacar* el enfoque de uno mismo y ponerlo en el otro. En la serie de libros *Ana de las tejas verdes*, hay una hermosa escena en la que Ana es invitada a tomar el té con la esposa del pastor, y ella se preocupa por las reglas formales de etiqueta. Ella dice: "Tengo miedo de hacer algo absurdo o de olvidarme de hacer algo que supuestamente debo hacer". Marilla le da un muy buen consejo. Le dice: "El problema contigo, Ana, es que estás pensando mucho en ti misma. Debes pensar en la señora Allan y qué sería lo más lindo y agradable para ella"[5]

Pienso que si fuéramos sinceras con nosotras mismas, muchas de nosotras tendríamos el mismo problema. Pero ¿qué pasaría si cambiáramos de enfoque? ¿Cómo impactaría nuestra hospitalidad? ¿Y si abandonáramos nuestro orgullo y comenzáramos a pensar en otras personas más que en nosotras mismas?

La hospitalidad es simplemente abrir la puerta de tu vida misma.
#unavidahermosa

La próxima vez que estés en la iglesia, en vez de preguntarte qué tiene que cambiar para tú comodidad, mira a tu alrededor y encuentra a alguien que parezca sentirse incómodo. ¿Es una persona nueva? ¿Está sola? ¿Se ve triste y solitaria? Pregúntate qué puedes hacer para que se sienta cómoda. Tal vez la puedes invitar a que se siente contigo o con tu familia, o invitarla a almorzar. Eso es hospitalidad.

Quiero compartir 1 Pedro 4:8-11 en la traducción de La Biblia para todos: Traducción en lenguaje actual. Explica muy bien lo que Pedro quiso decir cuando instó a los creyentes a "practicar la hospitalidad". Lee este pasaje y considera cómo puedes ser hospitalaria a tu manera.

> El amor borra los pecados. Reciban en su casa a los demás, y no hablen mal de ellos, sino hagan que se sientan bienvenidos. Cada uno de ustedes ha recibido de Dios alguna capacidad especial. Úsela bien en el servicio a los demás. Si alguno sabe hablar bien, que anuncie el mensaje de Dios. Si alguno sabe cómo ayudar a los demás, que lo haga con la fuerza que Dios le da para hacerlo. De este modo, todo lo que ustedes hagan servirá para que los demás alaben a Dios por medio de Jesucristo, que es maravilloso y poderoso para siempre. Amén.

¿Captas la idea? La hospitalidad bíblica no tiene nada que ver con Martha Stewart, el arquetipo estadounidense de hospitalidad. Para ser hospitalaria no necesitas hornear un hermoso pastel o tener un hogar perfecto (¡menos mal!). La hospitalidad es sencillamente abrir la puerta a lo que uno tiene, ya sea tiempo, palabras, espacio, regalos, o algo del todo distinto. La hospitalidad es poner a otras personas antes que uno mismo, procurando que se sientan cómodas donde tal vez no se sentirían a gusto. Es así de simple, y eso es hermoso.

Cuando abrimos las puertas a lo que tenemos y somos, todo el cielo suspira y dice: "¡Amén! ¡Que así sea!".

◈ ◈ ◈

"No sé exactamente cómo será el cielo, pero sé que después de nuestra muerte, cuando llegue el momento en que Dios nos juzgue, Él no preguntará: '¿Cuántas cosas buenas hiciste en tu vida?', mas bien preguntará: '¿cuánto amor invertiste en lo que hiciste?'".

MADRE TERESA

CAPÍTULO CATORCE

Llena de gracia y misericordia

"Dichosos los compasivos, porque serán tratados con compasión".

MATEO 5:7

Tengo una amiga cercana que se llama Ariel y, mientras escribía este libro, compartió una experiencia conmigo que prueba perfectamente cómo la gracia requiere que nosotras nos ensuciemos las manos.

Ariel conoce a Jamie desde la escuela secundaria. Como es una mujer muy dotada para la música, Jamie dirigía la alabanza en su iglesia. Ella tenía una habilidad maravillosa para guiar a un grupo de músicos e invitar a la congregación a adorar. Dios usaba sus talentos e influencia, y su popularidad aumentó.

Finalmente, Jamie recibió una invitación para ser parte de una banda de música. No era una banda cristiana, pero era una gran oportunidad para su carrera profesional, y haría que sus talentos se difundieran más. Cuando Jamie decidió unirse a la banda, Ariel se preocupó de cómo el ambiente de la banda dañaría la relación que Jamie tenía con Dios.

Luego de unirse a la banda, Jamie comenzó a hacer concesiones en su vida. Se divulgaron rumores de sus malas decisiones, y poco a poco se fue alejando de su familia en la fe y de su ciudad.

Ariel estaba triste por las decisiones que su amiga estaba tomando. Puesto que Jamie conocía la verdad de Dios, Ariel no podía entender por qué ella había cedido ante opciones devastadoras que impactarían negativamente a muchas personas. Cuanto más tiempo pasaba, tantos más pensamientos y sentimientos negativos tenía Ariel respecto a la condición de Jamie.

Un día, Ariel y su esposo recibieron una llamada del marido de Jamie. Les pidió que fueran a su departamento para ayudarlo con un proyecto.

Al principio, Ariel dice que la idea le resultó desagradable. Simplemente no quería pasar tiempo con Jamie. Pero antes de que abriera la boca, el Espíritu Santo le dijo: "No la trates de esa manera". Las palabras atravesaron el corazón de Ariel, y ella tuvo compasión de Jamie y fue más sensible con ella. Ariel se sintió mal por la manera en que otros la habían tratado y la habían rechazado.

Entonces, Ariel y su esposo accedieron a la invitación a ayudar a la joven pareja con ese proyecto.

En el camino hacia el departamento de Jamie, Ariel sentía como un nudo en el estómago. Aunque estaba nerviosa por su encuentro con Jamie, confiaba que Dios podía usarla para ofrecer gracia y dar esperanza. Finalmente, experimentó una profunda calma en el automóvil antes de llegar a su destino.

Ariel y su esposo ayudaron a Jamie y a su familia con ese proyecto. No estuvieron mucho tiempo ahí, pero aparecieron para darles una mano.

En el automóvil, de regreso a casa, Ariel le dijo a su esposo: "Siento que no hicimos nada".

El esposo dijo: "No hicimos nada, sólo estuvimos ahí. Eso es suficiente".

Meses más tarde, el esposo de Jamie les escribió un mensaje de texto: "Gracias por ser nuestro lugar seguro". En ese momento, Ariel se dio cuenta la razón principal de que el Espíritu Santo los había instado a que fueran al departamento: mostrar el amor de Dios.

Mientras Ariel me contaba esa historia, pensé en cuán poderoso puede ser cuando simplemente amamos a la gente. Ésa es la manera en que nos trata Jesús, ¿verdad? Él viene a nosotras y con consuela. Trae alimento para nuestra alma y nuestro cuerpo. A veces, la situación es desastrosa. Tal vez decidimos ir por senderos poco firmes, pero Él de todos modos se acerca a nosotras. Él no nos sermonea. En vez de eso, nos ama y, al pasar, deja la dulce fragancia de su amor.

> NO SOMOS LLAMADAS A CONTROLAR LAS ACCIONES DE NADIE. SIMPLEMENTE SOMOS LLAMADAS A AMAR.

Creo que a veces fallamos en mostrar la gracia de Dios de este modo porque queremos ver resultados en vez de ser misericordiosos. Si una amiga se enreda en algún tipo de pecado, queremos que deje sus caminos pecaminosos más que ver cuánto la amamos. Y, como Ariel, nos preocupamos si la reputación de nuestra amiga manchará la nuestra, o si la gente pensará que justificamos sus errores.

Tal es nuestro anhelo de que se produzca un cambio en la vida de nuestra amiga que cualquier interacción que tenemos con ella gira en torno a ese anhelo. Si no cambia de inmediato, nos damos por vencidas.

Pero ¿si dejáramos el cambio en manos de Jesús? ¿Y si tan sólo amáramos? ¿Cómo sería eso? Creo que sería como hizo

Ariel cuando fue al departamento de su amiga para darle una mano. Aunque ella no sintió que había hecho mucho, demostró amor, y de eso se trata la vida.

No somos llamadas a cambiar a nadie. No somos llamadas a controlar las acciones de nadie. Simplemente somos llamadas a amar.

El amor sana

A veces se nos hace difícil creer que el amor puede ser un agente de cambio tan poderoso como lo que enfatizo aquí. Pienso que muchas de nosotras nos preocupamos, y pensamos: "Si muestro mucha gracia, esa persona podría lastimarse mucho más y lastimar a otros". Aunque entiendo ese temor, creo que es injustificado.

"El amor sana" es el lema de una organización sin fin de lucro llamada Thistle Farms (Campos de Cardos), situada en Nashville, Tennessee. Esa entidad es una iniciativa social que se creó porque una mujer llamada Becca Stevens quiso ayudar a mujeres de la zona a recuperarse de adicciones al alcohol y a las drogas, y de condenas criminales.

Ella abrió un hogar de rehabilitación llamado La Casa Magdalena, pero notó que cuando las mujeres terminaban el programa de rehabilitación de dos años, les era difícil reintegrarse a la sociedad. Puesto que prácticamente no tenían una historia laboral, y sólo tenían convicciones criminales en sus antecedentes penales, para muchas de las mujeres les era difícil ganar un sueldo digno para sostener a su familia. Por lo tanto, Becca decidió ayudarlas y para eso abrió un negocio propio, donde pudiera contratarlas.

Ella nombró el negocio Campos de Cardos, no porque estuviese en un campo (de hecho, no lo estaba), sino porque el cardo es una flor singular que es increíblemente resistente, puede crecer en cualquier lugar (por lo general, crece entre las grietas del pavimento), y da una hermosa e inesperada flor violeta. Ella considera Campos de Cardos un lugar donde los "cardos" pueden crecer y florecer en algo del todo inesperado.

Las mujeres de Campos de Cardos usan hierbas y plantas naturales, como el cardo, para hacer productos de papel ciento por ciento naturales, productos para el cuidado de la piel, jabones, velas, y aceites medicinales que venden en internet, como también a domicilio, y en grandes cadenas minoristas (tales como Whole Foods). No sólo se ha rescatado a centenares de mujeres de las drogas, la prostitución, y la delincuencia, sino que se les ha dado un sentido de dignidad y la oportunidad de trabajar con sus manos y de proveer sustento económico para su familia.

La gracia es turbia. Para darla, tienes que ensuciarte las manos. #unavidahermosa

La gracia es tan poderosa que puede transformar a las personas, como esa planta áspera y dura que crecen en las grietas del pavimento, en hermosas flores violetas. Ésa es la fuerza de la gracia, si es que estamos dispuestas a ofrecerla.

La gracia en la vida real

No he compartido esta historia para que emprendas tu propia iniciativa social de rescate a mujeres de la calle y darles un lugar de trabajo. Becca es una persona especial con una unción especial para ese sueño específico. Si Dios te ha dado un llamado como el de Becca, cúmplelo. Pero, para muchas de nosotras, dar gracia en la vida real será diferente. Cada una de nosotras ha sido llamada a ofrecer el poder transformador de la gracia y el amor.

La amabilidad debe permear nuestra vida, debe ser visible en la expresión de nuestro rostro, en el tono de voz, y el lenguaje corporal. Debe ser un estilo de vida. Para que eso suceda, debemos comenzar con nuestros pensamientos y creencias. Proverbios 4:23 dice: "Por sobre todas las cosas cuida tu corazón, porque de él mana la vida". En otras palabras, lo que crees en tu corazón, pensarás en tu mente, y se difundirá a todo tu ser. El fundamento de las acciones llenas de gracia son los pensamientos llenos de gracia.

¿Qué dicen tus palabras y acciones acerca de lo que hay en tu corazón? Piensa en las interacciones más recientes con tus seres queridos. Considera una conversación con tu esposo, o con tu madre, o con tu hermana. Las palabras que salieron de tu boca, ¿eran palabras amorosas? ¿Eran palabras amables? ¿Estaban llenas de gracia?

A veces, respondemos con amabilidad, pero en nuestro interior tenemos pensamientos o sentimientos negativos hacia cierta persona. ¿Luchas con el chisme o la murmuración? ¿Hablas de las personas cuando no están presentes? La próxima vez que notes que estás haciendo estas cosas, pregúntate si hablarías así si la persona estuviera presente.

Si tienes la sensación de que tus palabras y acciones no corresponden al tipo de amor que está dispuesto a dar, no te castigues. En el capítulo siguiente, compartiré cómo podemos dejar que el amor crezca en nuestra vida.

* * *

"Permita que su enfoque esté en lo creativo y en lo constructivo, por encima de lo crítico y lo correctivo".

DR. GEORGE O. WOOD

CAPÍTULO QUINCE

El amor crece cuando servimos

*"No usen esa libertad como pretexto para hacer lo malo.
Al contrario, ayúdense por amor los unos a los otros".*

GÁLATAS 5:13, TLA

Para la mayoría de nosotras, el servicio no es una respuesta natural. De hecho, creo que servir a las personas que no son amables con nosotras es una de las disciplinas más difíciles de practicar. Hace muchos años, Dios comenzó a tratar con la perspectiva que tenía yo al respecto.

Estaba atravesando un tiempo difícil con una de mis compañeras de trabajo. En realidad, yo no era la única que tenía dificultad con esa persona. La mayoría de la gente de la oficina veía que ella era exigente e imposible de complacer. Pedía cosas que parecían ridículas. Era una perfeccionista que, de a momentos, parecía querer arruinarle el día a todos.

Un día, le entregué un informe, y ella lo puso sobre mi escritorio y pidió que modificara los márgenes.

Al principio, me sentí tentada a reaccionar contra ella como en algún momentos todos lo habíamos hecho: murmurar acerca de lo insoportable que era, ignorar sus exigencias ridículas, o mirarla con desdén cuando hacía pedidos descabellados. Pero, por alguna razón, sentí que Dios me pedía que hiciera algo diferente. Sentí que me instaba simplemente a servir.

Entonces, en vez de ignorar sus demandas, decidí que haría todo lo que pudiera para satisfacerlas. De hecho, incluso procuré ir más allá de lo que me pedía. Busqué situaciones que estuvieran fuera de mi lista de responsabilidad y busqué maneras de llevarlas a cabo. De vez en cuando, le serví café, me ofrecí para trabajar en proyectos que todos los demás evitaban, y le escribí notas de agradecimiento.

> EL AMOR SURGE CUANDO DEJAMOS DE ENFOCARNOS EN NOSOTRAS MISMAS Y NOS ENFOCAMOS EN LOS DEMÁS

Mientras procuraba tratarla con solicitud, sucedió algo extraordinario. Llegué a amarla, y creo que también ella tuvo un sentimiento afín por mí. Cuanto más amable era y cuanto más servicio rendía, tanto menos dura y fría era en su trato, y al final llegamos a ser muy buenas amigas.

Esa experiencia cambió mi concepto acerca del servicio y la importancia de éste en el amor. No servimos *gracias a* nuestro amor sino que amamos *gracias a* que servimos. Cuanto más servimos a las personas, tanto más las amamos.

Es extraño cómo sucede esto, pero mientras más lo practico, también me doy cuenta de que es verdad. Servimos a nuestro bebé, y lo amamos más cada día. Servimos a nuestro cónyuge, y nuestro amor se profundiza. Servimos a nuestros parientes y a nuestros hijos, y los amamos más y más. Viajamos a otro país y servimos a un grupo de personas en necesidad, y llegamos a amarlas. Ocupan un lugar en nuestro corazón, y nosotras ocupamos un lugar en la vida de ellos.

En ese sentido, el amor surge mientras trabajamos, mientras servimos, y mientras despejamos nuestro corazón de pensamientos negativos y ponemos en él amor y respeto. El amor surge cuando dejamos de enfocarnos en nosotras mismas y nos enfocamos en los demás. El amor surge al acercarnos a las personas a nuestro alrededor. ¿Cómo lo sé? Porque así es como el amor surge en mí, y cuanto más me dedico al servicio, tanto más crece y se embellece.

Crecer en amor

Con frecuencia, usamos la palabra "enamorarse", pero creo que eso no describe con exactitud lo que sucede cuando hay verdadero amor. Más bien, creo que sería algo así como "crecer en amor". Con esto quiero decir que nuestra devoción de servir a otras personas, de entregarnos a ellas, es lo que hace que nuestro amor por ellas se enriquezca.

Entonces, si sientes que en tu vida falta amor, te recomiendo que sirvas a alguien. Si eres como la mayoría de las mujeres que conozco, es posible que ya prestas servicios en muchas áreas de la vida, pero puede ser que todavía no tienes una buena actitud al respecto. Tal vez llevas a tus hijos a los entrenamientos de fútbol, y todas las tardes preparas la cena para tu familia. Tal vez sirves a las mujeres de tu iglesia cuando te reúnes con ellas para hablar de la vida o comprarles un café.

Considera de qué manera tu trabajo puede ser un acto de servicio. El hecho de que recibes un sueldo no implica que no estés sirviendo. ¿Involucra tu trabajo cambiar pañales a un bebé? ¿Impartir clases? ¿Servir hamburguesas en un restaurante local? No importa cual sea, considera que la tarea diaria más trivial — por ejemplo: llevar un condimento extra a una mesa que lo ha pedido, o ser amable con quien ha sido irrespetuoso— es un acto de adoración. Considera cómo puede manifestar la presencia de Cristo en cada una de tus actividades.

La mayoría de nosotras no debe sentirse culpable por creer que no servimos lo suficiente. Más bien, necesitamos simplemente reconocer cuánto servimos. Necesitamos ver cada acto de servicio como un acto de adoración, y tratarlo de esa manera. En vez de estar molestas por los actos de servicio o tratar de evitarlos, podemos ofrecerlos como un sacrificio, como una expresión de amor a Dios y a otras personas. Al hacerlo, inevitablemente se incrementará nuestro amor.

Cuanto más servimos a las personas, tanto más crecemos en nuestro amor por ellas.
#unavidahermosa

¿Hay alguien a quien te cuesta amar? Te desafío a que sirvas solícitamente a esa persona. Te animo a que averigües qué necesita esa persona, y que se lo ofrezcas. Ora por esa persona. Después de hacerlo, no creo que seas capaz de mantener los sentimientos negativos hacia ella. Cuando sirvas a alguien, y lo hagas con sinceridad, difícilmente sentirás algo que no sea compasión, amor, y empatía.

¿Estás dispuesta a ver cada acto de servicio como un acto de adoración? ¿Qué pasos puedes dar para cambiar lo tedioso en algo hermoso?

• • •

"No debemos cansarnos de hacer las pequeñas cosas para Dios, ya que Él no considera la grandeza del trabajo, sino el amor con que lo llevamos a cabo".

EL HERMANO LAWRENCE
Profundización de la
QUINTA PARTE—SÉ AMABLE

DIÁLOGO O PREGUNTAS PARA REFLEXIONAR:

1. La hospitalidad bíblica no tiene nada que ver con Martha Stewart (¡menos mal!). La hospitalidad es poner a otras personas antes que uno mismo, procurando que se sientan cómodas donde tal vez no se sentirían a gusto. ¿De qué manera cambia esta definición tu idea de hospitalidad?

2. Somos llamadas a cultivar en nuestra vida la gracia y la misericordia. Sabiendo que nuestros pensamientos dirigen nuestro comportamiento, considera qué puedes cambiar si te concentras en pensamientos llenos de gracia respecto a otras personas. ¿Cómo puedes disciplinar tu pensamiento para que esté lleno de misericordia en vez de juicio y crítica?

3. Cuando servimos, el amor crece. Dialoga acerca del amor que sentimos por los bebés que dependen completamente de nosotras para cada necesidad. ¿De qué manera esto representa el ejemplo de que el amor crece cuando servimos? Conversa acerca de un momento en el que tu perspectiva de alguien cambió al decidir servir a esa persona en vez de demandar algo de ella. ¿Cómo puede cada acto de servicio a otras personas convertirse en un acto de adoración y una expresión de amor a Dios?

UN DESAFÍO PERSONAL

George O. Wood dijo: "Deje que su enfoque esté en lo creativo y en lo constructivo, por encima de lo crítico y lo correctivo". Esta semana, disciplina tus pensamientos para que se enfoquen en lo creativo y constructivo. Rehúsa dar lugar a la crítica, y no dejes que los pensamientos correctivos dominen. Observa cómo eso transforma la manera en que respondes a otras personas. Dedica un tiempo a anotar el impacto que produjo el simple hecho de cambiar de enfoque.

Maneja bien los conflictos

• • •

Quiero desafiar su manera de pensar: los conflictos no son malos. De hecho, los conflictos son normales, son una parte saludable de la vida, del crecimiento, y del cambio. El conflicto es inevitable y necesario en la vida, pero podemos aprender a manejarlo bien. Ésa es una clave para experimentar y cultivar una vida hermosa.

En esta sección, me gustaría explorar cómo manejar bien los conflictos. A veces significa domar el conflicto, otras veces significa trabajar arduamente para alcanzar una solución, y siempre requiere que seamos cautas con nuestras respuestas. El conflicto puede tornarse desagradable, puede ser destructivo; en última instancia, tú no puedes controlar cómo reaccionarán otras personas en situaciones de conflicto. Pero, en esta parte del libro, aprenderemos a distinguir cuándo debemos pasar por alto una ofensa, cómo podemos evitar que el conflicto se nos escape de las manos, y cómo prestar atención a nuestras respuestas.

Nadie disfruta el conflicto. (Tampoco es divertido escribir al respecto.) Pero es importante que entendamos qué aportamos nosotras al conflicto, y así empezar a cambiar estas situaciones en nuestra vida. Cuando aprendemos a enfrentar los conflictos de una manera positiva, nuestras relaciones se profundizan y son más provechosas.

Quiero presentar algunas estrategias que me ayudaron a enfrentar los conflictos en mi vida; espero que te sirvan para que esos momentos no te encuentren con las manos vacías.

CAPÍTULO DIECISÉIS

Cuándo pasar por alto una ofensa

"El buen juicio hace al hombre paciente;
su gloria es pasar por alto la ofensa".

PROVERBIOS 19:11

Hubo un tiempo en que yo no era muy buena para manejar conflictos. Cuando algo sucedía, y me sentía molesta, eludía el tema (por temor a no afrontarlo con amabilidad), sin embargo no refrenaba mis pensamientos negativos hacia la persona que me había causado el dolor. Como resultado, cargaba sobre mí el agobiante peso de muchas ofensas, y no sabía cómo librarme de éstas.

Quiero contarte una historia. Hace unos años mi esposo, Mike, fue al supermercado para comprar algunas cosas y, mientras estaba ahí, se encontró con nuestra amiga Hilary. Él le preguntó cómo estaba, y ella le dijo que estaba bien pero que su madre había fallecido. Mike le dio sus condolencias; no había mucho más que él pudiera hacer ahí en el supermercado. Él le aseguró que me daría la triste noticia cuando llegara a casa.

Pero cuando Mike entró en casa, estaba hablando por teléfono y, cuando terminó esa conversación telefónica, olvidó informarme acerca de la mamá de Hilary.

Durante las semanas siguientes, Hilary me evadió por completo. Yo estaba confundida. ¿Hice algo que la ofendió? ¿Estaba bien mi amiga Hilary? Tres semanas después del hecho, tuve oportunidad de conversar con ella en una actividad de la iglesia.

Le dije: "Hilary, ¿cómo has estado?"

Me miró con furia y dijo: "No puedo creer que recién ahora me preguntes. Ni siquiera me enviaste una tarjeta de condolencia. ¿Cómo puedes ser tan insensible? ¡Perdí a mi madre, y ni siquiera puedes reconocer mi pérdida!"

Sin duda, yo estaba muy confundida.

Ella me dijo: "Le dije a tu esposo que mi madre había fallecido".

Se me cayó el alma a los pies. "Dios mío, no sabía...", dije mientras se me apagaba la voz.

Durante media hora, procuré convencerla de que Mike había olvidado de decirme lo de su madre, pero no me creía. Estaba segura de que Mike nunca se olvidaría de comunicar un mensaje como ése, y que yo era sencillamente una persona indiferente. Al principio, me impresionó lo difícil que era para ella perdonar la ofensa, pero más o menos hacia la mitad de la conversación, ¡fui yo quien comenzó a sentirse ofendida!

Créanme, sé que es más fácil decir que hay que olvidar las ofensas que hacerlo, sin embargo eso también puede ser más fácil de lo que parece. Cuando Hilary y yo decidimos perdonar lo que teníamos una contra la otra, me di cuenta de que Ken Sande, escritor del libro *Pacificadores*, está en lo cierto cuando dice: "Pasar por alto una ofensa no es un proceso pasivo". Es algo muy distinto que el sentimiento de amargura que aflora cuando uno piensa en una cierta situación; más bien, es decidir que no hablaremos ni pensaremos demasiado en el asunto, ni dejaremos que se convierta en resentimiento.

Eso significa que rehusamos recrear la situación en la mente, hablar del asunto con otras personas, o cambiar nuestro trato con la persona. En otras palabras, ¡nos liberamos de la ofensa![6]

Estoy consciente de lo difícil que es. En la situación que tuve con Hilary, tuve que yo misma contener mi deseo de compartir la historia con otras personas, o de pensar diferente de Hilary, o dc revivir una y otra vez en mi mente lo que había sucedido. En el conflicto, hay momentos en que decidimos enfrentar la ofensa en vez de dejarla pasar (hablaremos de eso más adelante en esta parte) pero, en este caso, Hilary y yo decidimos juntas sacar a luz la ofensa.

> CUANDO DECIDES DELIBERADAMENTE LIBERARTE DE UNA OFENSA, DAS Y RECIBES EL REGALO DE LA LIBERTAD.

Cuando decides deliberadamente liberarte de una ofensa, das y recibes el regalo de la libertad. Te despojas de un enorme peso, y tú misma te concedes la oportunidad de tratar con amabilidad y gentileza a otras personas. Como mencioné en el capítulo catorce, tu semblante puede cambiar. Todo tu ser irradiará amor, amabilidad, y belleza.

Serás literalmente *más hermosa* cuando decidas vivir una vida hermosa. Además, descubrirás la hermosura en todo lo que te rodea.

Cuándo debemos pasar por alto la ofensa

Hay momentos en que no es saludable pasar por alto una ofensa. Piensa en algún conflicto que hayas enfrentado recientemente. ¿Alguien te mintió, hirió tus sentimientos, o te ignoró? ¿Te has preguntado muchas veces si fue a propósito? ¿Te ha costado olvidar el conflicto? Si pasas por alto una ofensa que debes enfrentar, el conflicto se agudizará mucho más. Entonces, ¿cómo puedes saber cuándo enfrentar una ofensa o cuándo pasarla por alto?

En el capítulo siguiente hablaré más sobre *cómo* enfrentar un conflicto. Por ahora, me gustaría compartir contigo algunas preguntas que personalmente me hago cuando percibo un conflicto. Éstas me ayudan a saber si debo enfrentar la situación o dejarla pasar. Responde a estas preguntas, pensando en una situación específica y usando una escala del 1 al 10 (1 sería lo más bajo, y 10, lo más alto). Ora mientras completan este ejercicio, y pide a Dios que te ayude a responder con sinceridad.

Al final, cuando sumes tu puntaje, te ayudaré a interpretar el resultado como una manera de determinar si debes enfrentar la ofensa o pasarla por alto.

Muchas de nosotras llevamos a cuestas ofensas que nos agobian. ¡Déjalas a un lado, y disfruta de una hermosa vida! #unahermosavida

¿CUÁN IMPORTANTE ES ESTA PERSONA EN MI VIDA? Considera la relación que tienes con esa persona. ¿Es una persona con la que te encuentras todos los días? ¿Cuál es la profundidad de tu relación con ella? ¿Cuán importante es relación para ti? ¿Quieres que la relación siga creciendo y desarrollándose? Por ejemplo, un miembro de la familia o una compañera de trabajo con los que interactúas periódicamente recibirían un puntaje alto en esta pregunta. Pero una mesera a la que nunca más verás recibiría un puntaje más bajo.

¿CUÁN SEGURA ME SIENTO CON ESTA PERSONA? Hay personas en tu vida con las que no te siente segura. Tal vez te ataquen con enojo, o tengan poder sobre algún área vulnerable de tu vida. Por ejemplo, un jefe, que podría despedirte si hablas acerca de un conflicto, no sería una persona confiable. Una compañera de trabajo que siempre pierde los estribos en su trato con los demás también tendría un puntaje bajo en esta pregunta. Una amiga cercana que muestra madurez emocional cuando compartes tus sentimientos con ella es un ejemplo de alguien muy confiable.

¿DAÑARÁ ESTA OFENSA NUESTRA RELACIÓN? Si decides enfrentar la ofensa, ¿dificultará ese paso la relación? Por ejemplo, si hay falta de honradez y decides enfrentar la ofensa, ¿será más difícil trabajar con esa persona o confiar en ella la próxima vez que tengas algo personal para compartir con ella? Ésa es una situación que obstaculiza el trato entre dos personas. Pero si una amiga olvida saludarte en tu cumpleaños, eso es algo más fácil de pasar por alto.

¿CUÁL ES EL TAMAÑO DE ESTA OFENSA? Algunas ofensas son pequeñas, como una uva. Otras son grandes, como una sandía. El impacto de una uva es mucho menor que el impacto de una sandía. Las ofensas menores —como una diferencia de opinión, o no recibir una llamada de saludo en el cumpleaños, o un comentario insolente que se dice sin pensar— pueden pasarse por alto con facilidad. Una pequeña ofensa tendría un puntaje bajo. Ofensas más grandes, tales como mentiras y traiciones, tendrían un puntaje más alto.

¿HAY CIRCUNSTANCIAS ATENÚAN LA OFENSA? Reflexiona: ¿es esta una ofensa que se repite, un comportamiento recurrente, o hay circunstancias que la atenúan? ¿Tal vez la persona está atravesando por un profundo dolor? ¿O está extremadamente presionada y exhausta? Si una amiga te respondió mal y nunca antes lo había hecho, es posible que haya estado ocupada o distraída. Si una compañera de trabajo pasó la noche en vela con su bebé enfermo, puedes perdonar su mal humor el otro día. Si la conducta se repite, o es constante, posiblemente tendrás que encarar a la persona para encontrar una solución.

Suma los números que escribistes, y calcula tu puntaje final. Si tu resultado es entre 31 y 50, sería bueno hacer frente a esa ofensa. (En el próximo capítulo, compartiré algunas herramientas para enfrentar una ofensa.) Si el resultado es entre 1 y 30, sería bueno que pases por alto la ofensa en oración. ¡Y recuerda que la ofensa no es un proceso pasivo! Eso significa que no debes amargarte pensando en ella, reviviéndola en tu mente, o hablando de ella con otras personas.

Es difícil, lo sé. Yo he recorrido ese sendero una decena de veces y, aunque con el tiempo es más fácil, nunca lo es del todo. Pero, hoy, mi vida es mucho más aliviada y libre porque no llevo sobre mí el peso de las ofensas.

No sé cuál es tu situación mientras lees estas palabras, pero me pregunto si te sientes agobiada por el peso de las injusticias que has experimentado. Me pregunto si sientes como si hubieras por un largo tiempo acumulado ofensas sobre ti. Me pregunto si la frustración, el enojo, la amargura, y lo absolutamente desagradable, se han convertido en una carga abrumadora. Si ése es el caso, aprovecha esta oportunidad para *liberarte* de las ofensas que te agobian.

¿Necesitas dejar de revivir circunstancias pasadas? ¿Necesitas dejar de comentarlas con otras personas?

Te prometo que no te arrepentirás de despojarte del peso abrumador de la ofensa. Te sentirás más liviana y libre que nunca. Te sentirás más satisfecha que nunca. Te sentirá más que nunca encaminada a una vida una hermosa.

* * *

"Sería imposible amar a Dios sin amar a las demás personas; sería imposible amar a otros a menos que estemos cimentados en un sano respeto por nosotros mismos; y tal vez hasta sería imposible amar en lo más mínimo de un modo completamente secular sin participar de lo santo".

KATHLEEN NORRIS

CAPÍTULO DIECISIETE

No pierdas el control de los conflictos

"En fin, hermanos, alégrense, busquen su restauración, hagan caso de mi exhortación, sean de un mismo sentir, vivan en paz. Y el Dios de amor y de paz estará con ustedes".

2 CORINTIOS 13:11

A veces, es mejor pasar por alto una ofensa. Otras veces, si dejamos conflictos sin resolver, perdemos el control de ellos, y terminamos en una situación que pudimos evitar. Como mencioné en el capítulo anterior, cuando la ofensa es simplemente un asunto personal, podemos pasarla por alto en amor. Pero cuando la ofensa impacta la vitalidad y la salud a largo plazo de una relación, es bueno buscar una solución.

Si dejamos que el mundo nos enseñe cómo responder a los conflictos, veremos tácticas como la evasión, la manipulación, y el control. (Tal vez tú no tienes idea de cómo son esas tácticas, pero yo he usado unas cuantas veces cada una de ellas.) Pero esas egoístas estrategias no son la manera que Dios ha dispuesto para que resolvamos un conflicto, y que nos enseña en las Escrituras.

Una manera sana (y bíblica) de resolver el conflicto siempre contempla un *futuro* esperanzador para la relación en vez de revivir constantemente el pasado. En este capítulo, quiero presentarte un cuadro de cómo sucede en la vida cotidiana, y mostrarte herramientas prácticas que te ayuden a implementar este enfoque en tu relación.

La agudización de los conflictos

¿Has notado alguna vez la rapidez con que puede agravarse un conflicto? Un minuto, hay tensión entre ti y tu amiga y, antes de que lo sepas (en media hora o en tres semanas), la relación parece estar dañada, sin arreglo. Cuanto antes enfrentemos el conflicto y la tensión, tanta más posibilidad habrá de que se solucione.

> CUANTO ANTES ENFRENTEMOS EL CONFLICTO Y LA TENSIÓN, TANTA MÁS POSIBILIDAD HABRÁ DE QUE SE SOLUCIONE.

En su libro *How to Manage Conflict in the Church, Understanding and Managing Conflict* [Cómo manejar el conflicto en la iglesia: La comprensión y el manejo del conflicto], Norman Shawchuck describe el ciclo del conflicto.[7] Descubrí que este concepto me ayuda a entender la agudización de los conflictos, y así resolverlos antes, sin tanto dramatismo.

Si constantemente hay conflicto en tu vida y no sabes cómo lidiar con él, o si ahora mismo estás envuelta en una situación específica que no sabes cómo resolver, espero que este ciclo te ayude a identificar la etapa en que te encuentras y que, en última instancia, te guíe a una resolución. El ciclo del conflicto se desarrolla de la siguiente manera:

TENSIÓN. El conflicto siempre comienza con la tensión: esa sensación de desazón en el estómago, ese sentimiento de incomodidad cuando alguien hace un comentario hiriente, o esa impresión de que se nos hunde cuando somos ignorados y rechazados. Presta atención a ese sentimiento. Muchas personas pasan por alto el conflicto en esta etapa (yo lo he hecho). Pero siempre es más fácil enfrentar o pasar por alto la ofensa en esta primera etapa del ciclo.

CONFUSIÓN. Si dejas que el conflicto vaya más allá de la tensión, perderás la objetividad para interactuar de manera adecuada con la otra persona. Si el conflicto es con una amiga, por ejemplo, las cosas que solían ser agradables entre ustedes ya no lo serán. Comenzarás a "interpretar" sus acciones a través de los cristales de la ofensa. Será difícil pensar en ella de una manera positiva, o evitar hablar del tema con otras personas.

ACUMULACIÓN DE OFENSAS. Cuando crece la confusión, la mente automáticamente comienza a llenar las lagunas de situaciones que no entiende y a sacar conclusiones que podrían ser injustas o no tener fundamento. Por ejemplo, cuando una amiga no te devuelve una llamada telefónica —y si te encuentras en una etapa tardía del ciclo—, seguramente comenzarás a percibir todas las demás acciones o respuestas como un desaire o menosprecio. Comenzarás a acumular ofensas como si fueran artefactos. Perderás de vista el primer suceso que desencadenó todo el resto. El enojo, la amargura y la venganza se asentarán en tu corazón.

EL ENFRENTAMIENTO SANO O EL ATAQUE. En la primera etapa del ciclo del conflicto, podemos decidir si tendremos un enfrentamiento sano. Con esta estrategia, hacemos los ajustes necesarios en nuestra relación y crecemos a través del conflicto. Pero cuando el conflicto se prolonga demasiado, también se intensifica y también podría llegar al ataque. Así es cómo puedes notar que pasar por alto una ofensa no es lo mismo que encubrirla, y aparentar que nunca sucedió. Cuando pasamos por alto una ofensa, lo que debe seguir es el perdón. Cuando encubrimos un conflicto, éste crece y se intensifica, y finalmente se manifiesta en un enfrentamiento peligroso y destructivo. En esta etapa, podríamos poner fin a las relaciones y perder la conexión con personas que amamos.

> Sea que decidamos afrontar un conflicto o pasar por alto una ofensa, la meta es siempre la restauración, la esperanza y el futuro que anhelamos.
> #unavidahermosa

RENUNCIA. En esta etapa, las personas en conflicto harán los ajustes necesarios para poner fin al enfrentamiento y protegerse. Aunque a corto plazo esta decisión nos haga sentir mejor, a largo plazo, es sumamente dañina para nuestro corazón y nuestro espíritu. No sólo perdemos la conexión con personas que amamos, sino que hacemos concesiones que podrían lastimarnos y, en última instancia, podrían perjudicar nuestro carácter.

Es posible resolver los conflictos.

Si me has seguido hasta aquí, seguramente estás pensando: *"Sí, eso suena lindo, pero ¿cómo hago frente a un conflicto sin que empeoren las cosas?"* Me alegra que hagas esta pregunta. Eso es lo que quiero tratar ahora.

Mateo 18 presenta excelentes pasos para hacer frente al conflicto. Sin embargo, quiero ser sincera. Aunque el proceso que presenta la Escritura es muy efectivo, no siempre se da de manera natural. Como mujeres, nuestra reacción más frecuente es ignorar nuestros sentimientos negativos hasta que no los soportamos más, o hablar del problema con todos menos con la persona involucrada en el conflicto. Creo que buscamos afirmación o consuelo de alguien que vea las cosas como nosotras.

Entiendo esa tentación. Yo misma la he enfrentado y he lidiado con ella. Pero no es la mejor manera de abordar el conflicto.

En definitiva, afrontar el conflicto —ir directo a la fuente, hablar con amabilidad y de manera directa, y tener en mente la esperanza para el futuro— es una manera efectiva y vivificante de tratar tal situación. Posiblemente será un momento de incomodidad, pero si quieres disfrutar de una vida hermosa (libre de antagonismo, amargura, y vergüenza), éste es un paso necesario para alcanzar esa meta.

Entonces, ¿qué nos enseña Mateo 18 acerca del manejo de conflictos? Comencemos mirando la Escritura misma. Cito Mateo 18:15–17 según la versión *Biblia para todos: Traducción en lenguaje actual*. Me gusta la simplicidad de esta versión.

> Si uno de mis seguidores te hace algo malo, habla con él a solas para que reconozca su falta. Si te hace caso, lo habrás ganado de nuevo. Si no te hace caso, llama a uno o dos seguidores míos, para que te sirvan de testigos. La Biblia enseña que toda acusación debe hacerse frente a dos o más testigos. Y si aquel no les hace caso, infórmalo a la iglesia. Y si tampoco quiere hacerle caso a la iglesia, tendrás que tratarlo como a los que no creen en Dios, o como a uno de los que cobran impuestos para el gobierno de Roma.

El primer principio en la resolución de un conflicto es mantenerlo lo más pequeño posible y cuanto tiempo sea posible. La adición de personas involucradas en el conflicto debe suceder cuando el arrepentimiento y la reconciliación son necesarios. Con este objetivo en mente, expongo el orden a seguir para ampliar el círculo de personas.

DE PERSONA A PERSONA. La resolución de un conflicto debe siempre comenzar con una conversación privada. Nunca hables con otras personas antes de tener una conversación con el individuo o los individuos involucrados. Eso es lo opuesto de lo que tendemos a querer hacer. (Decimos: "Me estoy descargando", o "Quería asegurarme de que no estoy loca".) Pero cuando involucramos a otras personas en el conflicto que no son parte de este, les pedimos que ejerciten una gracia que no les fue dada. La gracia para la situación descansa con aquellas personas que están directamente envueltas en el conflicto.

Tal vez éste es el aspecto más importante de la solución del conflicto, y el más difícil de evitar, así que trataré el asunto en más profundidad. La comunicación triangular (cuando tenemos un problema con una persona, pero hablamos con otra) siempre está mal, no importa cuál sea la circunstancia. No caigamos en la trampa de involucrar inoportunamente a un tercero en el conflicto. Lo único que hacen esas conversaciones es separar a la gente. Pecamos contra otras personas cuando hablamos a sus espaldas.

Cuando enfrentes a alguien, ten en mente los siguiente:

- Has preguntas y escucha con atención para entender la situación.
- Da validez a los sentimientos de la otra persona ("escucho lo que dices, estás muy enojada. Si piensas que te ignoré, entiendo por qué te sientes así").

- Siempre da por sentado que hay ofensas de ambos lados. Adopta una mentalidad de "la viga en mi propio ojo", y siempre considera de qué manera has contribuido al problema.
- Juntas, decidan los pasos que darán y que resuelvan el problema para todos los afectados.

La única motivación para enfrentar a alguien debe ser la restauración y mejorar la relación. Puede que nos sintamos tentadas a enfrentar a una persona para señalar sus faltas o para confirmar la validez de nuestros sentimientos negativos, pero éstas son motivaciones erróneas. No es necesario que busques justicia para ti misma. Dios es tu defensor.

TRAE A UNA AMIGA. Si el conflicto no se soluciona con una conversación en privado, pide a una persona madura, una colega emocionalmente sana, que esté presente en la próxima conversación. El objetivo debe ser siempre la redención y la restauración, y no así el ataque ante un grupo o solamente señalar las faltas de la persona. De hecho, si pides a una amiga que te acompañe, te aconsejo que lo hagas de la siguiente manera: "No pudimos resolver el conflicto entre las dos. ¿Podrías tú mediar nuestra próxima conversación?"

Ese tipo de lenguaje evitará que la persona tome partido, que es precisamente lo que no queremos, porque nuestro objetivo es la solución del problema. Debemos procurar que Dios dé gracia a la tercera persona que participe en la resolución del conflicto.

¿EN QUÉ CONSISTE LLAMAR AL LIDERAZGO DE LA IGLESIA? Debemos tener cuidado de no malinterpretar este paso. No significa que tengas que llamar al pastor para que te ayude a superar un conflicto con alguien de tu estudio bíblico. En vez de algo tan extremo, recurre a un líder ante quien ambas sean responsables. Recuerda, el objetivo es poner límites al conflicto durante el mayor tiempo posible.

En el proceso de resolución de conflictos, se debe recurrir al liderazgo únicamente cuando no se encuentra una solución en los dos primeros pasos. Cabe repetir que es tentador pasar directamente a esta etapa, pero la rapidez en estos asuntos puede hacer más daño que bien. Recuerda, el objetivo siempre debe ser la redención y la restauración, y nunca "triunfar" o tratar de comprobar la validez de cierto punto de vista personal respecto al conflicto. Si te sientes tentada a recurrir de inmediato al liderazgo antes de haber dado los dos primeros pasos, examina tu corazón y tus motivaciones como un paso más en la resolución del conflicto.

Si el conflicto es con alguien que no quiere encontrar una solución, debes establecer otros límites con esa persona o terminar la relación. La resolución siempre requiere que ambas partes estén dispuestas a resolver el conflicto. Si el conflicto llega a ese punto, ve la sección anterior que trata nuestra decisión de pasar por alto una ofensa. Rehúsa volver a la situación o hablar mal de la otra persona. Continúa tratando a esa persona con respeto, aun desde la distancia.

* * *

"Cuando en el conflicto miramos el pasado, habrá remordimiento. Pero cuando miramos el futuro, habrá esperanza".

DARRELL VESTERFELT

CAPÍTULO DIECIOCHO

Ten cuidado con tus respuestas

"Dejen de estar tristes y enojados.
No griten ni insulten a los demás.
Dejen de hacer el mal. Por el contrario,
sean buenos y compasivos los unos con los otros,
y perdónense, así como Dios los perdonó
a ustedes por medio de Cristo".

EFESIOS 4:31–32, TLA

Cuando mi hijo mayor, Tyler, era más joven, hubo una etapa en su adolescencia en que comenzó a responder de mal modo. Si tienes adolescentes, tal vez te identifiques con lo que digo. Por supuesto que, como su madre, al principio no sabía cómo reaccionar. Estaba asombrada por el cambio en su temperamento. No era el muchacho que había conocido por tantos años y, sobre todo, sus respuestas me lastimaban. Cuando me decía algo feo, yo en seguida le respondía con algo también feo.

En ese tiempo, sentía que esa era la única manera de enfrentar la situación. No podía ver ninguna otra posibilidad. Pero más adelante, cuando pensaba en lo que tal vez había sucedido, me preguntaba: "¿Quién *era* esa mujer hablándole mal a ese muchacho?"

Las respuestas que elejimos dar en el conflicto pueden resultar en más conflicto, o pueden guiarnos a una vida hermosa. #unavidahermosa

Una mañana, luego de un enfrentamiento particularmente doloroso con Tyler, sentí que el Espíritu Santo sutilmente me recordaba que le respondiera con humildad, amor, y paz. En el momento que sentí la corrección, supe que era lo indicado. Pero ¿cómo encontraría la fuerza para cambiar mis respuestas en el fervor del momento, cuando las palabras de Tyler eran tan hirientes, y cuando la carne parecía dominar?

Esa tarde, leí Gálatas 5, de principio a fin. El capítulo trata sobre encontrar libertad confiando en Cristo, y advierte a los cristianos a que no confíen en la ley, que los hará esclavos una vez más. La única manera de experimentar verdadera libertad es confiar en el poder del Espíritu Santo. Pablo dice lo siguiente:

Les hablo así, hermanos, porque ustedes han sido llamados a ser libres; pero no se valgan de esa libertad para dar rienda suelta a sus pasiones. Más bien sírvanse unos a otros con amor. En efecto, toda la ley se resume en un solo mandamiento: "Ama a tu prójimo como a ti mismo". Pero si siguen mordiéndose y devorándose, tengan cuidado, no sea que acaben por destruirse unos a otros. Así que les digo: Vivan por el Espíritu, y no seguirán los deseos de la naturaleza pecaminosa. Porque ésta desea lo que es contrario al Espíritu, y el Espíritu desea lo que es contrario a ella. Los dos se oponen entre sí, de modo que ustedes no pueden hacer lo que quieren. Pero si los guía el Espíritu, no están bajo la ley. Las obras de la naturaleza pecaminosa se conocen bien: inmoralidad sexual, impureza y libertinaje; idolatría y brujería; odio, discordia, celos, arrebatos de ira, rivalidades, disensiones, sectarismos y envidia; borracheras, orgías, y otras cosas parecidas. Les advierto ahora, como antes lo hice, que los que practican tales cosas no heredarán el reino de Dios. En cambio, el fruto del Espíritu es amor, alegría, paz, paciencia, amabilidad, bondad, fidelidad, humildad y dominio propio. No hay ley que condene estas cosas. Los que son de Cristo Jesús han crucificado la naturaleza pecaminosa, con sus pasiones y deseos. Si el Espíritu nos da vida, andemos guiados por el Espíritu. No dejemos que la vanidad nos lleve a irritarnos y a envidiarnos unos a otros. (Gálatas 5:13–26)

Varias cosas me llamaron la atención de esta porción bíblica. Primero, estaba sorprendida con lo que sucede cuando nos "mordemos y devoramos" unos a otros; Pablo dice que seremos destruidos. Sentí convicción al leer esas palabras, porque era precisamente lo que estaba sucediendo entre Tyler y yo. Era lo último que quería que aconteciera en mi familia. Quería que mi casa fuera un lugar de amor y paz.

Como madre, no quería más que *fortalecer* a mi familiar. Destruir a los miembros de mi familia era mi peor pesadilla.

Segundo, noté cómo Pablo nos recuerda que no usemos nuestra libertad para satisfacer la carne, sino para "servirnos unos a otros con amor". Pensé para mí: *Qué hermoso retrato... usar mi libertad en Cristo para servir a mi hijo, Tyler, humildemente en amor. Soy libre para responderle como quiera. Pero ¡qué hermoso sería si uso esa libertad para extenderle gracia! ¿Qué aprendería mi hijo de eso? ¿Y qué aprendería yo?*

Tercero, noté que Pablo insta a los creyentes a andar en el Espíritu y a no satisfacer los deseos de la carne. Yo sabía que mis respuestas a Tyler de enojo y amargura, eran los deseos de la carne y que, si elegía andar en el Espíritu, encontraría el poder para responder con amor. Solo tenía que someterme completamente al Espíritu, pidiendo confianza y guía de continuo.

Por último, el asunto más importante es lo que dice el versículo 14: "En efecto, toda la ley se resume en un solo mandamiento: 'Ama a tu prójimo como a ti mismo'". Quedé tan impresionada con esa frase. Aunque todas las demás cosas pasaran, lo más importante que podía hacer en este mundo era amar a mi hijo. El amor es el mandamiento más importante. Si lo tomo con seriedad, tendré que ordenar mis prioridades.

EL FRUTO DEL ESPÍRITU ES LO OPUESTO A NUESTRA NATURALEZA PECAMINOSA, Y SU ENFOQUE ES EN LA OTRA PERSONA.

Al sentirme desafiada durante mi tiempo con la Palabra, le pedía a Dios que me ayudara a reconocer que mi respuesta natural tal vez era un error. La próxima vez que Tyler me gritó, sucedió algo increíble: al abrir mi boca para responderle, salieron palabras hermosas. No eran mis palabras, sino las palabras de Dios, pacíficas y gentiles. Palabras de amor. Y cuando las palabras salieron de mi boca, miré a mi hijo, y vi cómo cambiaba su semblante. Sucedió que, al invitar al Espíritu a participar en mi interacción con Tyler, Él nos cambió a ambos. En fin, Dios nos dio una relación maravillosa de amor y respeto mutuo.

De repente, cuando confié que el Espíritu Santo guiaría mis respuestas en el conflicto, tuve la oportunidad de estar con mi hijo nuevamente e influir en él. Fui capaz de darme espacio para ver que la manera en que mi hijo me trataba tenía más que ver con él que conmigo. Luego, fui capaz de ver cómo podía cuidar de él. Y cuando pude amarlo como Cristo me ama —con amor incondicional, permanente, sin requisitos ni condiciones—, fue algo hermoso. Y creo que eso fue mucho más agradable a Dios.

¿Cómo responder al conflicto?

Según Jim Van Yperen, autor del libro *Making Peace* [Hacer las paces]: "Es típico que nuestra primera respuesta sea la errada"[8]. Las reacciones más naturales, como las mías con Tyler, son respuestas egoístas de la carne. Pero no debemos dejar que nuestro egoísmo controle nuestras reacciones. El fruto del Espíritu es lo opuesto a nuestra naturaleza pecaminosa, y su enfoque es en la *otra* persona.

El fruto del Espíritu se muestra en el "amor, (la) alegría, (la) paz, (la) paciencia, (la) amabilidad, (la) bondad, (la) fidelidad, (la) humildad, y (el) dominio propio" (Gálatas 5:22). Por tanto, una manera fácil de distinguir si tus respuestas son guiadas por el Espíritu o por la carne es que te preguntes: ¿Armonizan mis respuestas con el fruto del Espíritu?

Desde la transformación radical que experimenté en mi relación con Tyler, cultivé un especial interés en la resolución positiva de conflictos. En realidad, creo que ésa es una de las cosas más importantes que podemos aprender como creyentes.

La resolución poco satisfactoria de los conflictos no sólo afecta nuestra relación con otros, sino que también se interpone en nuestra relación con Dios. No podemos estar en conflicto con una amiga, una compañera de trabajo, o un miembro de la familia *sin sentir* tensión en nuestra relación con Él.

Si es verdad que los conflictos son naturales y que son una parte normal de la vida, más vale que estemos dispuestas a resolverlos. Aquí ofrezco algunas ideas prácticas (de repaso) para saber cómo responder al conflicto de una manera sana, efectiva, según Cristo:

- Procura conocer y amar a la otra persona.
- En oración pide a Dios que te ayude a querer lo mejor para la otra persona.
- No saques conjeturas. Haz preguntas y escucha con atención para entender.
- Reflexiona respecto a cuándo debes pasar por alto una ofensa y hazlo bien.
- Ora, ora, ora.
- Examina con sinceridad qué aportas tú al conflicto.
- Responsabilízate de tu parte en el conflicto.
- Pide perdón y perdona con generosidad.
- Deja a un lado la actitud defensiva. Recuerda que Dios es tu defensor.
- No señales las faltas de otras personas, ni pienses demasiado en ellas, ni las comentes con otros.
- No pierdas el enfoque del asunto que suscitó el conflicto, y no ataques a la persona.
- Restaura con gentileza.

- Limita el conflicto al menor número de personas posible.
- Siempre, siempre, siempre busca la resolución del conflicto y la redención (no la venganza).

No es fácil responder bien ante un conflicto, pero es posible. Con la ayuda del Espíritu Santo, y con una actitud dispuesta, Dios puede cambiar nuestras respuestas, para que reflejen su gracia y nos guíen a una vida hermosa.

＊ ＊ ＊

"Los verdaderos amigos siempre
nos impulsan a las grandes posibilidades del futuro;
pero los falsos amigos siempre
nos encadenan a los errores del pasado".

SETH BROWN

Profundización de la
SEXTA PARTE—MANEJA BIEN LOS CONFLICTOS

DIÁLOGO O PREGUNTAS PARA REFLEXIONAR:

1. Debemos saber cuándo pasar por alto una ofensa. Lee Proverbios 19:11. ¿Qué resultado obtenemos cuando señalamos todas las ofensas? Comenta algunas maneras en que puedes pasar por alto una ofensa: no te preocupes desmedidamente por el acontecimiento, deja de comentar la ofensa con otras personas y no permitas que se convierta en resentimiento. Lee acerca del ciclo del conflicto en las páginas 125, 126, y conversa acerca del beneficio de reconocer temprano cuando hay tensión en una relación.

2. No permitas que los conflictos te dominen. Lee Mateo 18:15-17. Dialoga acerca del procedimiento bíblico para hacer frente al conflicto. (Usa el contenido de este libro para guiar la conversación.) ¿Por qué deberíamos pasar por alto la ofensa o enfrentarla lo antes posible?

3. Observa cómo respondes a los conflictos. ¿Cómo reconoces las respuestas poco adecuadas en un conflicto? ¿Cómo puedes responder adecuadamente a un conflicto? (Usa el contenido de este libro para guiar la conversación.)

UN DESAFÍO PERSONAL

Darrell Vesterfelt dijo: "Cuando en el conflicto miramos el pasado, habrá remordimiento. Pero cuando miramos el futuro, habrá esperanza". Considera cómo encarar el conflicto.

¿Quieres señalar las faltas de la otra persona y asegurarte de que sepa que estaba equivocada? Señalar las faltas es siempre la motivación equivocada. En tiempos de conflicto, la restauración y la esperanza de un futuro mejor siempre deben guiar nuestra conversación. ¿Cómo puedes encarar un conflicto actual de una manera más positiva?

Perdona y serás perdonada

* * *

El perdón no es fácil, pero es necesario. De hecho, puede ser el aspecto más desafiante e importante de la vida cristiana. Mateo 6:14 dice: "Si perdonan a otros sus ofensas, también los perdonará a ustedes su Padre celestial". Nuestra disposición a perdonar está conectada a la disposición de Dios a perdonarnos. ¡Eso no es poca cosa!

Y aun así, el perdón puede ser extremadamente desafiante. Requiere de una disposición a la humildad, que reconozcamos nuestros dolores más profundos, y que seamos sinceras con nosotras mismas. Lo que espero hacer en los próximos tres capítulos es ayudarte a ver lo hermoso que puede ser el resultado del perdón en tu vida y en la vida de las personas que te rodean.

Tal vez no te has liberado de pequeños reclamos. O tal vez ciertas mayores injusticias dominan tu pensamiento. Aunque no estés segura de cómo perdonar, ten tus dudas sobre si vale la pena hacerlo o no, o estés convencida de que el perdón es imposible, me alegro mucho por ti porque leerás las historias a continuación.

Espero que estas historias te ayuden a tener un encuentro contigo misma. Le pido a Dios que ellas te motiven a dar lugar al perdón y a descubrir una vida hermosa.

CAPÍTULO DIECINUEVE

¿Por qué Dios quiere que perdonemos?

"Si ustedes perdonan a otros el mal que les han hecho,
Dios, su Padre que está en el cielo, los perdonará a ustedes.
Pero si ustedes no perdonan a los demás,
tampoco su Padre los perdonará a ustedes".

MATEO 6:14–15, TLA

Mientras escribía este libro, una amiga muy cercana enfrentaba un conflicto extremadamente difícil con su familia. Su nombre es Natasha y su familia es dueña de un restaurante. Durante décadas, la familia entera trabajó unida para dar continuidad al negocio. Algunos servían las mesas, otros cocinaban, otros administraban las finanzas, y otros limpiaban el restaurante los fines de semana. Pero más allá de la función de cada uno, si alguien era parte de la familia, también formaba parte del negocio.

El problema era que, al trabajar tan juntos, a veces tenían grandes peleas. Estoy segura de que, si alguna vez trabajó con su familia, sabe cuánto cuesta mantener la paz y las relaciones sanas.

Cuando Natasha compartió la situación conmigo, tuvo la precaución de no revelar demasiado. No quería que sus palabras se interpretaran como habladuría o calumnia. Pero ella necesitaba comunicar el dolor que tenía. En realidad había mucho que decir, pues yo veía el dolor en sus ojos.

> LA DECISIÓN DE PERDONAR ES UN PASO HACIA LA SANIDAD Y HACIA LA GRACIA

Natasha habló de cómo ese conflicto familiar estaba impactando cada aspecto de su vida (todos nos hemos sentido de esa manera, ¿no es así?). Le costaba ir a la iglesia y orar. Ella me dijo que, cada vez que lo hacía, pensaba sólo en la tensión con su familia. En un momento, reconoció que había pensado: *¡Este conflicto con mi familia está arruinando mi relación con Dios!*

Pero mientras me hablaba de su situación, me contó cómo Dios estaba sanando su corazón.

"Estoy comenzando a entender lo que dice la Escritura: que nuestra relación con otras personas está conectada con nuestra relación con Dios", explicó Natasha. "No es el conflicto el que interfiere con mi relación con Dios, sino mi falta de perdón... lo cual significa que yo misma decido si lo dejo ir".

En los últimos meses, he visto a Natasha dar pequeños y valientes pasos de obediencia para perdonar las ofensas de su familia. Y ocurrió algo asombroso. No sólo parece estar más contenta y tener más paz, sino que he visto cómo crece su relación con Dios. La veo más segura de sí misma y de los sueños que Dios ha puesto en su corazón. Es una mujer fuerte y noble.

Natasha siempre ha sido hermosa, pero vi algo maravilloso cuando ella rindió su carga a Cristo. Ella está caminando hacia un futuro esperanzador, hacia una vida hermosa.

Encontrar el perdón cuando parece imposible

Cada día nos brinda muchas oportunidades para practicar el perdón. Algunas de las heridas son pequeñas, como cuando alguien se cuela justo delante nuestro en la fila del banco. Otras son profundas y dolorosas, como un cónyuge infiel o un padre que le dice a su hijo: "No te amo". Cualquiera sea la ofensa, cada oportunidad para servir es una oportunidad para acercarse, o alejarse, de Jesús.

El perdón nunca es fácil. Aun cuando la ofensa es pequeña, el dolor es real. Y cuando se trata de ofensas grandes e inimaginables, el perdón se vuelve más desafiante. Debemos perdonar, aun cuando la persona que nos ofendió no pida perdón, no esté arrepentida, ni esté dispuesta a cambiar.

Más allá de los detalles y las circunstancias, es necesario el perdón, porque la decisión de no hacerlo, conduce a un dolor mayor. La decisión de perdonar es un paso hacia la sanidad y hacia la gracia. La decisión de perdonar, que nunca es fácil, es más fácil cuando se hace temprano (recuerde el ciclo del conflicto), que es lo contrario a la comprensión popular. Sin embargo cuanto más rápido perdones, tanto más fácil será.

Si no perdonas a otras personas, tú nos experimentarás el perdón de Dios. #unavidahermosa

Cuando eliges aferrarte a la ofensa y dejar que crezca, experimentarás estrés que, a su vez, impactará negativamente tu salud. Cuanto más te niegues a perdonar, tanto más grande será el daño y más probable será que haya efectos negativos. La amargura que surge de la falta de perdón puede destruir a una persona, tanto física como espiritualmente.

Encontramos un paralelo de este suceso en la Escritura, que nos advierte que huyamos de la raíz de amargura porque puede "causar dificultades y corromper a muchos" (Hebreos 12:15).

¿Estás pensando en alguien a quien no has perdonado? Tal vez la ofensa se cometió hace poco. Tal vez sucedió hace años. Tal vez sientes que esa ofensa y la decisión de no perdonar, te está afectando en lo espiritual, mental, emocional, y físico. Sin embargo, te niegas a liberarte de esa carga.

Espero que la historia de Natasha te anime. Espero que puedas tomar a pecho el conocimiento que ella encontró en su circunstancia. Espero que no postergues el perdón. Espero que encuentres la sanidad, la libertad, y la paz que experimentamos cuando hay perdón.

◦ ◦ ◦

"Ser cristiano significa excusar lo inexcusable, dado que Dios perdonó lo inexcusable en nosotros".

C.S. LEWIS

CAPÍTULO VEINTE

Perdonar no es un sentimiento

"Sean comprensivos con las faltas de los demás
y perdonen a todo el que los ofenda.
Recuerden que el Señor los perdonó a ustedes,
así que ustedes deben perdonar a otros".

COLOSENSES 3:13, NTV

Cuando conocí por primera vez a Chantel, sentí afinidad con ella de inmediato. ¿Tienes amigas así? Apenas las conoces, te caen bien. Cuando maduró nuestra relación, entendí por qué ella es una mujer fuerte y hermosa: ha ofrecido un perdón inimaginable.

De pequeña, Chantel fue abusada sexualmente por su abuelo. A los veinte años, comenzó a notar el impacto negativo de esos acontecimientos en su vida. También se enteró de que él había abusado de todas sus hermanas. Eso afectó su capacidad para confiar en los hombres en general, para confiar en su esposo, e incluso para confiar en Dios. Entonces, recurrió a una consejera cristiana con el fin de encontrar una solución para su dolor y el enojo.

Se reunió con la consejera durante un año y sintió que había progresado algo, pero al final de la consejería, lo único que sentía hacia su abuelo era apatía. El enojo y el dolor habían casi desaparecido, pero en su lugar había un sensación de que el dolor no importaba, de que su abuelo no importaba.

Varios años después, cuando sus dos hijos habían crecido y eran jóvenes, Ella y su esposo decidieron remodelar la casa. Chantel llamó a su padre, que era un contratista, y él quedó en ayudarlos. Él preguntó si podía traer a su padre (el abuelo de Chantel) para que también ayudara.

La respuesta inicial de Chantel fue: "¡De ninguna manera! ¡Él no puede venir a mi casa!". Ella se encontraba en una posición difícil. Dado que su padre no sabía nada acerca del abuso, y que ella ya le había pedido que ayudara con la remodelación, no tenía una manera cortés de explicar por qué no quería que fuera su abuelo.

Así que cedió. "Bueno, él puede venir", le dijo a su esposo, "pero los chicos nunca estarán solos con él, y no quiero ni acercarme a él. Nosotros nos vamos de la casa y dejamos que ustedes remodelen juntos". Ella tenía una lista de reglas que quería que siguiera la familia. No quería fotos con él, no quería abrazarlo, ni tocarlo, y apenas quería hablarle. Era como si todos los sentimientos negativos que ella contuvo por tanto tiempo la inundaron en ese instante.

Antes del día en que su abuelo iría a su casa, Chantel oró y oró. Le suplicó a Dios que le diera lo necesario para poder estar en la misma sala con él, y tenerlo en su casa por varios días. Cuando llegó el día en el que el abuelo y padre de Chantel vendrían a la casa, ella y su marido estaban de pie a la entrada de la puerta.

Su marido le preguntó: "¿Estás lista?".

"¡No!", quería gritar Chantel. Pero cuando la puerta se abrió, y ella vio a su padre y a su abuelo allí parados, sintió cómo una increíble irrupción de amor venía sobre ella. Fue como si, aunque su corazón decía que "no", su espíritu decía que "sí".

Chantel me comentó cómo oró sin parar durante toda la visita. Decía: "Dios, por favor, ayúdame. Dame lo que necesito para atravesar esto". Y, siendo Dios un padre fiel, Él proveyó. Ella no pidió amor, ni siquiera lo quería. Pero le pidió a Dios que le diera lo que necesitaba, y Él le dio amor. En ese momento, Chantel no sólo fue capaz de ver a su abuelo por quién era, a pesar de su quebrantada vida, sino que también reconoció que él era un regalo para su familia en muchos aspectos.

El perdón es la cosa más liberadora del planeta. #unavidahermosa

La familia mantuvo los límites que habían acordado desde un principio. Él nunca estuvo a solas con los hijos de Chantel, pero les contó historias, los hizo reír, y trabajó diligentemente para completar la remodelación.

En un momento del fin de semana, el esposo de Chantel le susurró: "¡Te estás manejando muy bien!".

Chantel le susurró: "¡No soy yo!".

Desde ese fin de semana en adelante, el amor que Chantel sintió por su abuelo no se desvaneció. De hecho, sólo se enriqueció. Se preocupó de llamarlo y ver cómo estaba y cómo se sentía. Ella y sus hermanas oraron por él fervientemente, pidiendo a Dios que trajera convicción a su corazón para que llegara a conocer a Jesús.

Cuando su abuelo estaba cerca de los noventa y seis años, la hermana de Chantel sintió de visitarlo y preguntarle acerca de su relación con Dios. Al principio, la hermana se sintió igual que Chantel cuando su padre le preguntó si el abuelo podía ayudar con la remodelación. Su corazón dijo: "¡De ninguna manera!". Pero mientras ella aun luchaba con Dios, su espíritu dijo: "Sí". Un amor increíble inundó a su hermana, y ella se subió al coche y lo fue a visitar.

Cuando llegó, no perdió el tiempo (después de todo, el tenía noventa y seis años). Ella le preguntó sin rodeos si él había rendido su vida a Jesús. Su respuesta la impactó.

"No, no lo he hecho", respondió él, "pero realmente quiero hacerlo".

> CUANDO TOMAMOS LA DECISIÓN DE PERDONAR, Y RENDIMOS NUESTROS SENTIMIENTOS NEGATIVOS A DIOS, ÉL SANA NUESTRAS HERIDAS Y NOS DA LO QUE NECESITAMOS.

Entonces, la hermana de Chantel guió a su abuelo a través de la oración del pecador, y Él aceptó a Jesús como su Salvador. Unas pocas semanas después, fue bautizado. Aunque su salud era tan frágil que tuvieron que cargarlo en brazos al sumergirlo en el agua, al salir del agua, era un hombre completamente nuevo. Ahora, él está en el cielo.

Cuando terminó con esa parte de la historia, Chantel me dijo: "Dios es tan bueno".

Para mí, la parte más asombrosa de su historia es la manera en que Dios moldeó y cambió sus sentimientos hacia su abuelo cuando ella se los entregó. Ella sentía enojo, resistencia y aun apatía hacia su abuelo. Pero cuando le pidió a Dios que le diera lo que necesitaba, Él le dio amor. Tal vez fue ese amor totalmente extravagante e inmerecido el que abrió la puerta a una nueva eternidad.

Renuncia a los sentimientos negativos

Los sentimientos negativos que tenemos hacia una persona no significa que no la hemos perdonado, o que en un momento dado decidamos no perdonarla. Eso solía confundirme. Pero cuanto más aprendo a perdonar, y cuanto más conozco a mujeres que perdonaron de manera radical, tanto más creo que es verdad. Debemos perdonar *antes* de que desaparezcan los sentimientos negativos. Es una decisión. Cuando tomamos la decisión de perdonar, y rendimos nuestros sentimientos negativos a Dios, Él sana nuestras heridas y nos da lo que necesitamos.

Cuando renunciamos a nuestro derecho de vengarnos, Dios restaura las áreas más quebrantadas. ¿Hay alguien a quien debes perdonar? ¿Aun estás esperando "sentir" que es lo correcto? Si el perdón no es un sentimiento, ¿entonces qué es? El perdón es:

- presentar nuestro dolor a Dios y ser sinceras con Él respecto a lo que sentimos.
- confiar que Dios será nuestro defensor.
- orar por la persona que nos ha lastimado.
- no devolver mal por mal.
- negarse a la venganza o a hacer que la otra persona pague por lo que hizo.
- no hablar a otras personas al respecto.
- con el tiempo, desear lo mejor para la persona que causó la ofensa.

Si has experimentado una ofensa y todavía te sientes herida, quiero animarte. Dios no quiere que te sientas lastimada de ningún modo. El dolor que sientes como resultado de la ofensa es natural. No trates de aparentar que no duele. Sin embargo, quiero animarte a que no permanezcas en esa condición de dolor. (Te aseguro que la amargura es un veneno destructivo en el corazón.) *Decide* que darás pasos hacia el perdón, y pide a Dios que sane el dolor que *sientes*.

Cuando decidas perdonar, esa acción revelará lo que sucede en ti, en vez de revelar el conflicto con la persona a quien has decidido perdonar. El perdón declara que tú misma has sido redimida, restaurada, y perdonada. Te aseguro que tus sentimientos cambiarán una vez que des estos importante pasos para perdonar. Y, así como Chantel, experimentarás la hermosura de la vida.

* * *

"La oscuridad no puede expulsar la oscuridad, sólo la luz puede hacerlo. El odio no puede expulsar el odio, sólo el amor puede hacerlo".

MARTIN LUTHER KING, JR.

CAPÍTULO VEINTIUNO

Pasos prácticos para perdonar

"Siempre humildes y amables, pacientes, tolerantes unos con otros en amor".

EFESIOS 4:2

La historia de Chantel impactó mi vida profundamente. Sabía que el perdón era posible y, de muchas maneras, experimenté ese poder en mi vida. Pero verlo expresado de un modo tan sobreabundante fue muy inspirador para mí. Me di cuenta de que el perdón, además de ser posible, transforma de una manera maravillosa a todas las personas envueltas en el conflicto.

La elección de perdonar no sólo cambió la vida de Chantel, sino que cambió la vida de su abuelo por la eternidad, ¡e incluso cambió *mi* vida al escucharla!

En este capítulo, quiero compartir algunos pasos prácticos que nos ayudarán a recorrer el sendero del perdón.

Haz una lista de las personas a las que debes perdonar. Al considerar la manera en que te han ofendido, pregúntale a Dios qué pasos puedes dar hacia el perdón. Recuerda que el perdón no es un sentimiento. ¿Qué *acciones* debes realizar para perdonar?

Ora

Lo primero que debes hacer cuando ves la necesidad de perdonar a alguien es orar. Observa cómo Chantel oró antes y durante la visita de su abuelo. Sin la ayuda de Dios, no podrás perdonar. En la oración, podrás expresar todos tus sentimientos negativos (dolor, desilusión, y temor) a Dios. Ora, así como hizo Chantel. Pide a Dios que te dé exactamente lo que necesitas. La dádiva de Dios podría sorprenderte, pero ¡no te desilusionará! Después de haber orado por tu propio corazón, ora con toda humildad por la persona que te ofendió.

Confía

Confía en que Dios será tu defensor. Confía en que Él hará justicia. Confía en que Dios cuidará de ti en todo sentido. Confía en que Él traerá redención en esa situación, *más allá* de lo que tú puedas hacer.

Ejercita la paciencia

No esperes ver resultados de un momento a otro. Gálatas 6:9 dice: "No nos cansemos de hacer el bien, porque a su debido tiempo cosecharemos si no nos damos por vencidos". Perdonar no es lo único que lleva tiempo, el poder sanador del perdón también requiere de tiempo. No te impacientes si los sentimientos negativos no desaparecen en unos pocos días o semanas. No te impacientes con la otra persona si no ves un cambio inmediato en ella. Sigue confiando, sigue obedeciendo, y cree que "cosecharás si no te das por vencida".

Siempre considera un margen de error

No hay ser humano perfecto. De hecho, la mayoría de las personas, la mayor parte del tiempo, hace lo mejor que puede. Tal vez la persona que miras como tu enemigo no tiene intención de lastimarte. No olvides eso y trata de ver a las personas como las mira Dios. Eso no significa que no serás cómplice de la indiferencia descarada de otros. Más bien, aceptarás a las personas a pesar de sus imperfecciones. Significa que mostraremos longanimidad, que no responderemos impetuosamente y con enojo, porque sabemos que todas estamos en un proceso de aprendizaje y crecimiento.

> PERDONAR NO ES LO ÚNICO QUE LLEVA TIEMPO, EL PODER SANADOR DEL PERDÓN TAMBIÉN REQUIERE DE TIEMPO.

Bendice

El concepto de "poner la otra mejilla" es uno de los más desafiantes de la Escritura, y esto fue lo que Jesús hizo cuando sacrificó su vida sobre la cruz. Sufrió una muerte que no merecía para que viviéramos una vida que no merecemos. ¿Qué sucedería si nosotras hiciéramos lo mismo? Creo que podemos empezar bendiciendo a las personas que nos maldicen. Ora de manera positiva por tus enemigos. (Si hacer algo así no requiere de fortaleza de carácter, no sé qué lo requeriría.)

Mírate al espejo

Tendemos a pensar que nuestra reacción debe igualar el comportamiento de la persona que nos ofendió (si tú me golpeas,

Cuando perdonamos,
dejamos que
Dios redima la
circunstancia.
#unavidahermosa

yo te golpeo a ti). O tal vez pensemos que debemos dar a la gente lo que se merece. Pero esa idea revela nuestra pobre comprensión de la gracia. Cuando respondemos con respeto, con gentileza, y humildad, revelamos nuestro carácter y la obra del Espíritu Santo en nuestra vida (y no el comportamiento de la destinataria). ¿Qué ves cuando observas tus acciones y tu comportamiento en el espejo?

Extirpa el orgullo

"La actitud de ustedes debe ser como la de Cristo Jesús, quien, siendo por naturaleza Dios, no consideró el ser igual a Dios como algo a qué aferrarse. Por el contrario, se rebajó voluntariamente, tomando la naturaleza de siervo y haciéndose semejante a los seres humanos" (Filipenses 2:5–7).

El perdón no se negocia. No es un sentimiento. Tampoco es fácil. Pero es una opción, y tú puedes decidir. La decisión de dar un paso hacia el perdón es la posibilidad de acercarse a la sanidad, al ciclo, y a una vida hermosa.

● ● ●

"El resentimiento es como beber veneno y esperar que mate a nuestros enemigos".

NELSON MANDELA

Profundización de la
SÉPTIMA PARTE: PERDONA Y SERÁS PERDONADA

DIÁLOGO O PREGUNTAS PARA REFLEXIONAR:

1. Dios quiere que perdonemos. ¿De qué manera la decisión de no perdonar afecta nuestra relación con Dios? ¿Por qué nos mantiene atadas a la ofensa?

2. El perdón no es un sentimiento. ¿Cómo rendimos nuestros sentimientos negativos a Dios?

3. Hay pasos muy prácticos para perdonar. Lee los pasos que presento en las páginas 154–156. Dialoga acerca de maneras prácticas de dar pasos en la dirección correcta.

UN DESAFÍO PERSONAL

Honestamente pregúntate si hay alguien a quien necesitas perdonar. Da un paso positivo esta semana hacia el perdón. Considera la posibilidad de escribir tus pensamientos mientras estás en el proceso de este viaje al perdón.

El respeto

* * *

En nuestra cultura, se nos enseña a *exigir* honra en vez de ofrecerla. Nos apresuramos a suponer que la gente no nos trata con el respeto que "merecemos". Pero ¿pensamos con la misma prontitud en el respeto que merece los demás? ¿Y con cuánta frecuencia respetamos y honramos a las personas que no lo "merecen"?

Algo asombroso sucede cuando decidimos honrar a las personas, no por quiénes son o por lo que hicieron, sino sencillamente porque fueron creadas a la imagen de Dios. Cuando lo hacemos, ellas nos parecen más hermosas, y nosotras a ellas también. Además, honramos a Dios y su gracia se manifiesta en nuestro trato con los demás. No es fácil, pero es realmente hermoso.

En los próximos tres capítulos, hablaré de cómo respetar a las personas y por qué es tan importante que lo hagamos. Presentaré historias de personas que trataron con sumo respeto a personas que tal vez no lo merecían. Cuando leas estas historias, espero (y pido) que veas lo que yo veo: vale la pena respetar a las personas con quienes tratamos en la vida.

CAPÍTULO VEINTIDÓS

Nuestro respeto hacia otros revela nuestro carácter

"Den a todos el debido respeto."

1 PEDRO 2:17

Hace unos años, asistí a una conferencia con mi esposo, Mike. El fin de semana fue ameno y relajante, y el orador tenía muchos principios maravillosos que comunicar. Hizo un trabajo extraordinario al presentar su mensaje. Al concluir la conferencia, me sentí renovada y llena de energía. Luego, cuando estábamos por irnos del hotel, vi al orador de la conferencia hablando con el conserje.

Le preguntó algo al conserje y, cuando el joven no le dio la respuesta que él quería, el orador alzó la voz. Yo observaba desde lejos, así que no sé exactamente qué le dijo, pero vi la expresión en el rostro y observé su lenguaje corporal. Quedé estupefacta con lo que vi. El incidente finalmente terminó, y el orador se alejó obviamente enfadado, y dejó al conserje con una expresión de malestar y vergüenza en el rostro.

Este cuadro quedó grabado en mi recuerdo por un largo tiempo, en particular porque tenía en tan alta estima al orador. Por supuesto, todos tenemos nuestros momentos, y no lo puedo juzgar por esa sola interacción, pero no podía dejar de pensar que su verdadero carácter no era lo que había mostrado cuando habló desde la plataforma. Más bien, lo reveló en la manera en que trató a ese joven.

> NUESTRO CARÁCTER SE REVELA DE VERDAD EN EL RESPETO QUE MOSTRAMOS A LAS PERSONAS.

Generalmente no pensamos en el respeto de esa manera. Muchas veces, pensamos que el respeto es algo que se debe *ganar*, algo que ofrecemos a otras personas cuando prueban que son merecedoras de él. Pero, al observar esta interacción desde lejos, vi con claridad que la falta de respeto del *orador* dijo más acerca del orador que del conserje. Aunque el conserje hubiera cometido un error, merecía respeto, por tratarse de un ser humano al cual Dios ama.

Esa experiencia fue un recordatorio importante para mí: *¡La manera en que trato a otras personas revela más acerca de mí y de mi carácter que de la persona con la cual soy irrespetuosa!* Si me cuesta ser respetuosa con las personas a mi alrededor, es posible que eso revele un defecto en *mi* carácter. Eso no sólo fue un recordatorio, sino un llamado de atención. Me desafió a examinar mis acciones y a preguntarme con seriedad: "¿Qué refleja de mí cada respuesta?"

La próxima vez que fui cortante con mi esposo, en vez de enumerar una decena de razones por las cuales *él* me provocó a *mí*, consideré lo que mi falta de respeto reveló acerca de mi corazón. Dios me reveló áreas en las que tenía que crecer. Él reveló mi impaciencia y mi tendencia a controlar la situación.

Felizmente, Él ya había comenzado el proceso para ayudarme a sanar y a crecer en esas áreas. (¿No es maravilloso que, cuando somos débiles, Él nos fortalece?)

Este proceso es increíblemente doloroso, pero al mismo tiempo muy hermoso. No es posible a menos que estemos dispuestas a ver la manera en que nuestra falta de respeto revela nuestro carácter. Dios nos encuentra en nuestro estado de quebranto, nos ama incondicionalmente, y nos restaura. Pero ninguna de esas cosas sucede si no nos acercamos a Él con humildad y sinceridad. Nuestro carácter se revela de verdad en el respeto que mostramos a las personas.

El significativo papel de la humildad

Si queremos un ejemplo de alguien que respetó a las personas que no lo merecían, podemos mirar a Jesús. ¿Recuerdas su encuentro con Zaqueo? El Evangelio de Lucas narra la historia de un rico cobrador de impuestos (que, en el tiempo de Jesús, seguramente gran parte de su fortuna era resultado de haber engañado a la gente). Zaqueo anhelaba ver a Jesús, así que se apresuró a ir al lugar por donde pasaría Jesús, y trepó a un árbol sicómoro. El pasaje de Lucas 19:5-10 dice lo siguiente:

> Llegando al lugar, Jesús miró hacia arriba y le dijo: "Zaqueo, baja en seguida. Tengo que quedarme hoy en tu casa". Así que se apresuró a bajar y, muy contento, recibió a Jesús en su casa. Al ver esto, todos empezaron a murmurar: "Ha ido a hospedarse con un pecador". Pero Zaqueo dijo resueltamente: "Mira, Señor: Ahora mismo voy a dar a los pobres la mitad de mis bienes, y si en algo he defraudado a alguien, le devolveré cuatro

veces la cantidad que sea". "Hoy ha llegado la salvación
a esta casa", le dijo Jesús, "ya que éste también es hijo
de Abraham. Porque el Hijo del hombre vino a buscar
y a salvar lo que se había perdido".

Según todas la normas culturales, Zaqueo no merecía
respeto. A pesar de eso, Jesús quiso dedicarle tiempo y lo trató
con respeto. Note la respuesta de la gente. No podían creer que
Jesús iría a casa de un "pecador". Estaban horrorizados de que
Jesús ofreciera a este hombre una bondad inmerecida. Pero
la manera en que Jesús trató a Zaqueo no era un reflejo de la
dignidad de Zaqueo, sino un reflejo del carácter de Jesús.

Jesús trató con respeto a muchas personas que no lo
"merecían". Fue misericordioso con una mujer que había sido
sorprendida en adulterio, y sus acusadores uno a uno se fueron
cuando notaron que ninguno era el indicado para arrojar la
primera piedra. Incluso Jesús la honró cuando hizo que la mirada
de la multitud se centrara en Él, al inclinarse hacia el suelo para
escribir algo en la arena, en vez de la triste condición de esta
vulnerable mujer (Juan 8:1–11).

Hizo algo parecido cuando se encontró con la mujer en
el pozo, de quien Jesús sabía que se había casado y divorciado
muchas veces. En ese entorno cultural, las acciones de esta mujer
la hacían completamente indigna de respeto; sin embargo, Jesús
la trató con dignidad y cuidado.

El ladrón colgado en la cruz junto a Jesús también recibió ese
respeto, aunque sin duda no lo merecía. De hecho, Jesús lo trató
con sumo respeto cuando le dijo: "Te aseguro que hoy estarás
conmigo en el paraíso" (Lucas 23:43). Jesús nos ofrece el mismo
respeto y la misma gracia a nosotras. Él nos invita a recibir el don
gratuito de su gracia y a reunirnos con Él en el cielo, no porque

seamos dignas, sino porque *Él* es digno. Sus acciones hablan más acerca de Él que de nosotras.

Con Jesús como ejemplo, considera tus propias acciones hacia otras personas como un reflejo de tu carácter, en vez de juzgar el carácter de las personas que te lastimaron. ¿Eres irrespetuosa con ciertas personas porque crees que no merecen mejor trato? Considera a las personas que no te tratan como tú "mereces". ¿Cómo puede tú tratarlas con respeto, no por sus méritos sino por el mérito de tu Padre celestial?

El respeto que demuestro revela mi carácter, y no el mérito del receptor. #unavidahermosa

Si te resulta difícil respetar a las personas que no lo merecen, pide a Dios que te ayude a entender la razón. He trabajado con centenares de mujeres que luchan con el respeto a quienes no lo merecen, y la razón más común es el viejo orgullo. (No considero estar libre de él, ¡yo también tengo mis luchas con el orgullo!)

El orgullo es uno de los pecados más difíciles de reconocer en nosotras mismas. A continuación, presento una breve lista de cualidades que reflejan humildad. Es una adaptación del libro *Las cinco disfunciones de un equipo*, escrito por Patrick Lencioni[9]. Lee la lista y úsala como una herramienta para tu propia evaluación. Cuando termines, responde la siguiente pregunta: ¿Es el orgullo un problema en mi vida?

Una persona humilde...

- reconoce sus debilidades.
- reconoce sus errores.

- está dispuesta a pedir ayuda.
- acepta la crítica con gentileza.
- está dispucsta a informarse de la verdad antes de sacar conclusiones erradas.
- ofrece comentarios positivos y ayuda a otras personas.
- aprecia los dones y las habilidades de las personas y las ayuda a aprovecharlos.
- ofrece y acepta disculpas sin vacilar.
- deja a un lado las desilusiones.
- alienta a otras personas en sus victorias.
- considera cómo las situaciones hacen sentir a otras personas.

Si luchas con el orgullo, ésa no será una verdad fácil de aceptar. Sin embargo, el orgullo es una de las tácticas preferidas del enemigo, que nos impide respetar y nos priva de una vida hermosa. Analiza con sinceridad si el orgullo es lo que te impide tratar a otras personas con respeto. Si así es, pide a Dios que te ayude a madurar en carácter y a conducirte con humildad.

* * *

"Hablo a todos de la misma manera,
ya sea a la persona que levanta la basura,
o al presidente de la universidad".

ALBERT EINSTEIN

CAPÍTULO VEINTITRÉS

Ama a Dios y trata bien a sus hijos

"Si decimos que amamos a Dios, y al mismo tiempo nos
odiamos unos a otros, somos unos mentirosos.
Porque si no amamos al hermano, a quien podemos ver,
mucho menos podemos amar a Dios, a quien no podemos ver".

1 JUAN 4:20, TLA

Cuando era niña, mi mamá invitó a una amiga a tomar café a nuestra casa. Cuando ella llegó, la saludé, pues era lo correcto, y luego fui a jugar con mis muñecas, ya que me interesaba más el mundo infantil que la conversación de adultos. Me arrodillé en el piso de la cocina, y mi mamá y su amiga estaban sentadas a la mesa. Ellas comenzaron a hablar mientras yo jugaba en silencio.

A los pocos minutos de conversación, la amiga de mi mamá se detuvo en la mitad de algo que estaba por decir.

"¿Podrías sacar a Kerry de aquí?", preguntó con aspereza. "No me gusta que juegue aquí mientras hablamos".

Era muy pequeña para que me importara su conversación, pero era suficientemente grande para saber lo que significaba "Saca a Kerry de aquí" y "No quiero que esté aquí". Se me cayó el alma a los pies. Me sentí ofendida y menospreciada. Nunca olvidaré ese sentimiento, y no quisiera que nadie se sintiera de esa manera.

Cuando crecí, me di cuenta de que la gente no sólo me trataba de un cierto modo por la edad, también lo hacían porque pensaban que yo era alguien importante, o que tenía algo para ofrecerles. Cuando empecé a dar charlas en conferencias de mujeres, solía ser la "de afuera" que venía a un grupo cerrado de mujeres. Como al principio nadie reconocía mi rostro, la mayoría de las veces era ignorada. Luego, cuando alguien se daba cuenta de que era la oradora de esa tarde, me prestaban mucha atención.

> CUANDO TRATO A LAS PERSONAS COMO SI FUERAN HIJAS DE DIOS, EN REALIDAD CAMBIA MI MANERA DE VERLAS.

¿Verdad que es interesante? Yo era la misma persona desde el momento en que me ignoraron hasta el momento en que me trataron como a una celebridad. Nada cambió excepto su percepción de mí. ¿Y si *percibiéramos* a cada persona que conocemos como alguien que merece respeto? ¿Y si tratamos a todos como si fueran famosos?

Cuando pienso en el amor y en el respeto de esa manera, cambia la manera en que interactúo con las personas. En el capítulo seis, hablamos acerca de la idea de Dios como Padre. Además dije que, como madre, la manera más rápida que una persona puede ganarse mi corazón es tratando bien a mis hijos. Si ése es el caso, entonces cuando tratamos bien a los hijos de Dios, Él se complace.

Cuando recuerdo eso, puedo ver cada encuentro como una oportunidad para honrar a Dios. Cuando paso por la caja del supermercado, y aprendo el nombre de la cajera, muestro mi amor por Jesús. Cuando soy amable con mi esposo, a pesar de mi mal humor, respeto a Jesús. Cuando una amiga viene a mi casa para tomar café, y hago su torta preferida y saco mis mejores tazas, estoy desenrollando la alfombra roja para Jesús.

Como si fuera poco, cuando trato a las personas como si fueran hijas de Dios, en realidad cambia mi manera de verlas. Eso no debería sorprendernos, siendo que nuestro amor crece cuando servimos a las personas.

He oído que obtenemos más cuando celebramos. Cuando celebramos la imagen de Dios en otras personas (aun cuando esa imagen está dañada por los residuos del pecado), las alentamos a que sean las personas que Él creó. Es un ciclo maravilloso, restaurativo y hermoso.

¿Cómo tratarías a Jesús?

Sé que es una idea desafiante, pero quiero animarte a que pienses con cuidado en cómo tratas a las personas. Considera a tu familia, a tu esposo, a tus amigas o a las personas que no conoces. ¿Cómo trata a las personas que parecen estorbar? ¿Las tratas con honra y respeto? ¿Las tratas como tratarías a Jesús?

Mi amiga Alex trata muy bien a las personas, y cuando le pregunté al respecto, ella me contó de un incidente que la impactó profundamente. Un día, cuando ella estaba en la universidad, asistió a un evento con su padre. Él se encontró con un grupo de amigos y se detuvo a conversar con ellos por unos minutos. Queriendo ser respetuosa, se paró detrás de su padre, fuera del círculo de amigos, mientras ellos conversaban.

Cuando uno de los hombres notó que ella estaba ahí parada, extendió la mano para presentarse y preguntarle su nombre. Ella respondió, y él sonrió y la incluyó en el círculo.

"¿A qué universidad vas?", le preguntó, continuando la conversación con ella como parte del grupo. Ellos hablaron por unos minutos, pero Alex me dijo que se sintió valorada y aceptada. En un grupo de hombres de la edad de su padre, ella era la extraña. Era una mujer. Era joven. Esos hombre no *necesitaban* reconocerla, y nadie los habría culpado si continuaban con su conversación sin incluirla. Pero un hombre se tomó la molestia de invitarla a ser parte del grupo.

Cuando tratamos a otras personas como trataríamos a Jesús —cuando somos hospitalarias, cuando desenrollamos la alfombra roja delante de ellas, y las tratamos mejor de lo que esperan—, ocurre una transformación. Como resultado, nosotras nos convertimos en mejores personas, los demás se convierten en mejores personas y, lo que es aun más importante, complacemos a Jesús.

¿Qué pasaría si tratáramos a todas las personas como celebridades?
#unavidahermosa

El trato condicionado que damos a las personas por causa de su edad, clase social, apariencia física, posición o habilidades, no es lo que Jesús haría. De hecho, estoy convencida de que eso lo aflige mucho. La Escritura dice: "La gente se fija en las apariencias, pero yo me fijo en el corazón" (1 Samuel 16:7). ¿Has pensado de que manera cambiaríamos si pudiéramos mirar el corazón de cada persona con la que nos encontramos? ¿Qué sucedería si descubriéramos la imagen de Dios en ese corazón? ¿De qué modo cambiaría la manera en que tratas a tu hija, hermana, madre, peluquera y mesera?

A Dios le importa cómo tratamos a las personas, porque revela lo que hay en nuestro corazón y tiene el potencial de impactar a otras personas de manera significativa.

* * *

"La gente olvidará lo que usted diga, olvidará lo que haga, pero nunca olvidará cómo se sintieron en su compañía".

MAYA ANGELOU

CAPÍTULO VEINTICUATRO

Los beneficios de una cultura de honra

"Amaos los unos a los otros con amor fraternal;
en cuanto a honra, prefiriéndoos los unos a los otros".

ROMANOS 12:10

Hace unos años, conocí a una mujer joven que fue sexualmente abusada por un miembro de la familia. Los detalles me partieron el alma. Desde pequeña, la sacaron de su casa y la ubicaron con diversos miembros de la familia hasta que fue a la universidad.

Los años pasaron, y esta mujer joven conoció a Cristo y contrajo matrimonio. Sin embargo, no se dio cuenta de todo el bagaje que cargaba de su pasado y no pensó de que manera eso afectaría su matrimonio. Después de poco tiempo, había sido infiel a su esposo más de una vez.

Después de cada infidelidad, ella sentía remordimiento y se arrepentía, y su esposo la perdonó una y otra vez. Cuando quedó embarazada de su primer hijo, le dieron reposo durante una etapa de su embarazo, y quedó confinada a una habilitación del hospital hasta que diera a luz.

Un día, fui a verla al hospital y le llevé un regalo. Pensé en mis propios embarazos, en lo endurecidos y resecos que tenía los pies; así que pensé que le gustaría un set de pedicura. Aparecí en el hospital, le di un abrazo, y le entregué el regalo. Ella sonrió.

"¡Gracias a Dios!", exclamó. "¡Mis pies son un desastre!".

Me alegré que le gustara el regalo. Luego pasó algo totalmente inesperado, que recordaré para siempre. Su suegro, que estaba ahí con ella, le dijo: "¿Quieres que te ponga un poco de loción en los pies? Lo haría con gusto".

Cuando vi la ternura con la cual trataba a su nuera, a pesar de sus defectos y fracasos, me di cuenta de lo poderoso que es tratar a las personas con honra cuando no lo merecen ni se la han ganado. Ese hombre no *tenía* que honrar a su nuera de ese modo; nadie esperaba que él le pusiera loción en sus pies. Pero se lo ofreció de todas maneras, y fue como si Jesús hubiera estado en la habitación. (Pensé en cómo Jesús lavó los pies de quien lo entregó.) Ese suegro trató con honra a su nuera con una acción visible y tangible.

¿QUÉ SUCEDERÍA SI ADJUDICÁRAMOS MUCHO HONOR A LAS PERSONAS SIMPLEMENTE PORQUE SON CREADAS A LA IMAGEN DE DIOS?

Cuando decidimos honrar a una persona, simplemente porque fue creada a la imagen de Dios, las paredes se desploman, los corazones cambian, las situaciones se redimen, las personas se sanan, y Dios recibe honra.

¿Qué es la honra y cómo opera?

En pocas palabras, la honra es adjudicar un alto valor a una persona. Tal vez la razón de que esto contradiga la lógica de nuestra cultura es que generalmente adjudicamos valor a los logros en vez de a las personas. Adjudicamos mucho valor al estatus, a los títulos, a las posesiones, o a las posiciones. Honramos a las personas *a causa de* su éxito. Las tenemos en alta estima por su estatus o historia familiar. Incluso podemos reverenciarlas porque tienen un trabajo interesante o porque conducen un lindo coche, en vez de honrarlas porque son personas.

¿Qué sucedería si cambiáramos nuestra manera de pensar al respecto? *¿Qué sucedería si adjudicáramos mucho honor a las personas simplemente porque son creadas a la imagen de Dios?*

¿Qué sucedería si las personas de su comunidad, lugar de trabajo, o familia, dejaran de competir con los demás en torno a los logros y, en vez de eso, se esforzaran para mejorar su manera de mostrar honra? Supongo que la atmósfera sería más positiva y productiva, el equipo se fortalecería, y a cada individuo tendría oportunidad de brillar. ¡Qué maravilloso sería cambiar una cultura de competencia por una cultura de honra!

Dios quiere que honremos a otras personas. Su mandamiento de honrar a nuestros padres conlleva la promesa de una larga vida. Éxodo 20:12 dice: "Honra a tu padre y a tu madre, para que disfrutes de una larga vida en la tierra que te da el Señor tu Dios". Efesios 6:2–3 repite ese dicho: "Honra a tu padre y a tu madre, que es el primer mandamiento con promesa, para que te vaya bien y disfrutes de una larga vida en la tierra". Cuando nos honramos unos a otros, Dios se complace y nos bendice.

¿Qué tendría que suceder para que honres a otras personas? ¿Tienes algunas personas en mente: tu jefe, tu esposo e hijos?

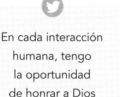

En cada interacción humana, tengo la oportunidad de honrar a Dios o de difamarlo.
—Marc Turnage
#unavidahermosa

Tal vez Dios te ha hecho pensar en tus padres, tu vecino o un pariente lejano al que no has honrado. Quienquiera que sea, no deseches esta oportunidad de que cambie tu corazón respecto a esa persona.

Mientras consideras cómo puede honrar a otras personas, no te sorprenda si aflora de manera natural, y en especial hacia quienes te han lastimado profundamente. Honrar a esas personas no será fácil. Pero quiero darte una lista de verdades para que puedas comenzar. Aquí hay algunos aspectos que puedes honrar en otras personas:

- Fueron creadas a imagen de Dios.
- Dios las ama como hijo o hija.
- Tienen dones y habilidades únicas (puedes hacer una lista específica de lo que has observado).
- Es mi _____ (madre, padre, hermana, tía, amiga, vecina, etc.).

Mientras continúas en el recorrido de dar honra a otras personas, medita en lo que esto significa. Estás cambiando el legado para las futuras generaciones. Conforme a la verdad y la realidad que encontramos en la Escritura, Dios observará esa honra y la bendecirá. Cuando honras a tu prójimo, cambias corazones, transformas circunstancias, y sanas el quebranto. Puedes cambiar el ambiente de tu hogar, de tu oficina, y de la iglesia. Tú tienes el poder para vivir una vida hermosa: no sólo para ti, sino para las futuras generaciones.

* * *

"En cuanto a honra, prefiriéndoos los unos a los otros".

EL APÓSTOL PABLO

Profundización de la
OCTAVA PARTE: EL RESPETO

DIÁLOGO O PREGUNTAS PARA REFLEXIONAR:

1. La manera en que honramos y respetamos a otras personas revela nuestro carácter. ¿De qué maneras lo que hay en nuestro corazón revela nuestra interacción con otras personas?

2. Trata a cada persona como tratarías a Jesús. ¿Qué le sucede a una criatura cuando es tratada con honor y respeto? Describe cómo te sentiste cuando alguien te honró.

3. Considera los beneficios de una cultura de honra. La versión Reina Valera traduce Romanos 12:10 de la siguiente manera: "Amaos los unos a los otros con amor fraternal; en cuanto a honra, prefiriéndoos los unos a los otros". ¡Qué impresionante! Dialoga sobre las implicancias para tu lugar de trabajo y tu relación con parientes lejanos si, a la hora de honrar, todos diéramos preferencia a los demás. ¿Cómo se revela el carácter de Jesús cuando honramos a otra persona?

UN DESAFÍO PERSONAL

¿Por qué el orgullo es tan difícil de detectar en nosotras mismas? Lee la descripción de humildad en la página 166 y evalúa con sinceridad lo que hay en tu corazón. Escribe un registro de las áreas en las que estás luchando y da un paso para crecer en humildad.

Los límites

• • •

Intencionadamente dejé esta sección para la última parte del libro, no porque aborde el tema ahora es menos importante que lo que hemos cubierto hasta aquí; mas bien es de suma importancia. El amor no puede crecer con fuerza sin que se establezcan límites. En realidad, creo que muchas de las preguntas que tengas después de haber leído las ocho partes anteriores serán respondidas en los próximos capítulos.

Si intentaste amar en el pasado, y no fue una hermosa experiencia, oro que dediques tiempo a esta parte. Pide a Dios que te enseñe y te muestre aquellos aspectos en que necesitas límites en tu vida. Si las oportunidades de servir a los demás no inspiran alegría en ti, si las amistades generalmente terminan en distanciamiento y dolor, este capítulo es para ti.

Al leerlo, pido a Dios que descubras la clave a una relación más profunda y gratificante con las personas en tu vida. Le pido que te capacite para amar de manera sobreabundante. Espero que esta sea una experiencia restauradora, mientras te aventuras en esta vida hermosa.

CAPÍTULO VEINTICINCO

Soy responsable *de* mí misma y *ante* ti

"Pues cada uno es responsable de su propia conducta".

GÁLATAS 6:5, NTV

Una vez, mi esposo y yo fuimos por unos días a una conferencia en Denver, y quedé asombrada y abrumada con la infraestructura de las autovías. En todo lugar al que conducíamos, había varios carriles de ambos lados, y automóviles que nos pasaban a toda velocidad o se movían con lentitud. Saber cómo llegar de un lugar a otro era difícil; y cada vez que conducíamos a un nuevo destino, me sentía un poco aterrada.

Una mañana, mientras conducíamos a la conferencia, le dije a mi esposo que la infraestructura de autovías de Denver se asemejaba un poco a la vida de una esposa de pastor.

"¿Qué quieres decir con eso?", preguntó.

"Imagina si fueras responsable de todos los automóviles de estas calles", comencé a decir. "¿Qué pasaría si tu trabajo consistiera en asegurar que todos los automóviles tuvieran suficiente gasolina, claras direcciones a su destino, que todos transitaran en armonía, y que estuvieran en buenas condición? ¿Qué pasaría si fueras responsable de que todos tuvieran refrigerio, de que cada persona estuviera cómoda, y de que nunca dos automóviles tuvieran un accidente?

Con toda naturalidad, Mike dijo: "No hay forma de que puedas hacer eso".

Añadí: "Así es como una se siente a veces cuando es esposa de pastor. Hay demasiadas personas a quienes cuidar. ¡Es un trabajo enorme!"

Mike hizo un gesto de empatía. "Felizmente, no es tu trabajo cuidar de todas ellas", respondió con una sonrisa.

En ese momento, me di cuenta de que tenía razón. ¿De dónde vino esa impresión de que tenía que ayudar a todas las personas? Cuanto más pensaba en eso, más me daba cuenta de que había tomado el pasaje de Gálatas 6:2 muy en serio. Somos llamados a llevar los unos las cargas de los otros. Pero dejé afuera el versículo 5, que declara: "Cada uno cargue con su propia responsabilidad".

No creo que sea la única que haya entendido mal ese concepto. Creo que, como mujeres, muchas de nosotras cuidamos de cosas que no son nuestra responsabilidad, cargamos con el peso de cosas que no nos corresponde llevar.

Somos llamados a soportar los unos las *cargas* de los otros, pero no a cargar con el peso de los demás. Es una distinción importante. La carga es el peso o la responsabilidad que cada uno debe llevar. Incluye, por ejemplo, nuestro trabajo y nuestras responsabilidades familiares, además de nuestros compromisos personales. Pero un peso abrumador es algo diferente, y es algo que no podemos llevar por nuestra propia cuenta.[10]

Un esposo con cáncer, una amiga que pierde el trabajo, o una jovencita que queda embarazada como resultado de una

violación: ésas son las cargas que las
personas no deberían llevar solas. En
definitiva, es Dios quien nos ayuda a
llevar nuestro peso abrumador, pero Él
nos instruye a que debemos también
ayudarnos unos a otros.

> SOMOS LLAMADOS A
> SOPORTAR LOS UNOS
> LAS CARGAS DE LOS
> OTROS, PERO NO
> A CARGAR CON EL
> PESO DE LOS DEMÁS.

Dios no nos ha llamado a ayudar
a todas las personas. Somos llamadas a
ayudar a las personas de nuestra comunidad. Cuando Pablo insta
a los gálatas a llevar *los unos* las cargas de *los otros*, no les pedía
que llevaran las cargas del mundo. Jesús murió en la cruz con
ese propósito. Pablo simplemente les pide que lleven los unos
las cargas de los otros. Aunque puedas preparar una cena para
todas las mujeres del mundo que tuvieron un bebé en la semana,
sí puedes preparar una comida para tu vecina.

Esta distinción me ayudó a superar las ansiedades que sentía
como esposa de pastor. Cuando tratamos de cargar los unos con
el *peso* de los otros, en seguida nos agotamos y nos desanimamos.
No sólo nos damos cuenta de que no tenemos las fuerzas para
cargar con el peso de los demás (aquello que las personas son
responsables de llevar por sí mismas), sino que nos frustramos y
nos resentimos cuando las personas se vuelven demandantes y
dependientes. Ése *no* es la manera en que Jesús obra.

Luego de esa conversación en la autovía de Denver,
comencé a cambiar la manera de pensar acerca de lo que sí me
correspondía cargar. Dios me guió a un libro titulado *Límites*,
escrito por el doctor John Townsend y el doctor Henry Cloud.
Me enseñó cómo distinguir entre la carga que me corresponde
llevar, y los pesos abrumadores que Dios quiere que ayude a
otros a llevar.

Al comenzar a cambiar mi mentalidad, también mi perspectiva cambió de manera notable. Mi frustración y ansiedad se disiparon. Pude descansar porque ya no me sentía abrumada. De hecho, me di cuenta de que tenía más amor que antes para dar. Ahora podía entregarlo a la persona indicada y de la manera adecuada.

¿Estás dando demasiado?

Es posible dar demasiado. Me pregunto si te identificas con mi historia. Muchas mujeres lo hacen. Quizás es porque nuestro corazón está tan lleno de empatía y porque realmente queremos ayudar a las personas necesitadas a nuestro alrededor. Pero cuando nos extralimitamos y ayudamos en demasía, en verdad no ayudamos en lo absoluto. Tomar la carga de otro sobre una misma —sea la de tu esposo, de tus hijos, de tu amiga, de tu vecina— no es amar. Por el contrario, es posibilitar.

Este concepto es presentado en *Límites*. Opera de la siguiente manera: eres responsable *de* ti mismo y *ante* otras personas. En otras palabras, eres 100% responsable de tus pensamientos, palabras, acciones, y decisiones. También eres responsable de ser amable, y de expresar empatía, amor, y compasión a las personas a tu alrededor. Pero no eres responsable de los pensamientos, acciones, decisiones o sentimientos de ellos.[11]

Eso suena lindo cuando está escrito en un libro, pero en situaciones concretas de la vida, la cosa se vuelve desagradable, así que quiero dar unos ejemplos.

Digamos que tu amiga tiene un accidente automovilístico. Ella sólo tiene seguro de responsabilidad a terceros, y no tiene mucho dinero. Su coche está inservible, y se ha quedado sin vehículo.

En esa circunstancia, eres responsable *ante* tu amiga. Eres responsable de ser amable, comprensiva, y compasiva. Puedes mostrar empatía ante la circunstancia. Pero no eres responsable *de* su error. No eres responsable de comprarle un coche nuevo, de llevarla todas las mañanas al trabajo, o de pagar su boleto de autobús. Puedes elegir hacer cualquiera de estas cosas por un determinado tiempo a causa de tu preocupación por ella pero, en última instancia, sólo ella puede responsabilizarse de su error.

Ese mensaje concuerda con la Escritura, que espera de cada persona que lleve su propia carga. Proverbios 13:4 habla enérgicamente contra el holgazán y 2 Tesalonicenses 3:10 declara con claridad que si alguien no quiere trabajar, que tampoco coma. Es triste que muchas veces ese mensaje se pierda o se distorsione. Hay un malentendido generalizado acerca de la importancia de los límites en la comunidad cristiana.

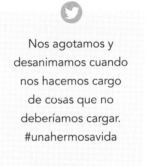

Nos agotamos y desanimamos cuando nos hacemos cargo de cosas que no deberíamos cargar. #unahermosavida

Una de la razones de que Dios dé tanta importancia a los límites es que, cuando hacemos a otras personas dependientes de nosotras, les robamos la alegría que pueden encontrar al depender del Espíritu Santo. Piensa en eso la próxima vez que te sientas culpable de decirle que no a una persona que pide tu ayuda. Tal vez, ayudar a esa persona es intervenir en la ayuda que *Dios* quiere darle.

¿Luchas tú con los límites? Si no estás segura, puedo darte una pequeña y rápida prueba. Los síntomas de que alguien está violando los límites que has establecido son reacciones como la ansiedad, el enojo y un sentimiento constante de tensión o frustración. Si estás de mal humor, o te sientes agobiada o resentida, quizá debas establecer mejores límites en tu vida.

Si constantemente aceptas responsabilidades que no te corresponden, te animo a que hagas una lista de las cosas que sí son tu responsabilidad. Incluye algunos de las roles más grandes de tu vida, e incluso algunas palabras que describan lo que significa cumplir con esos roles:

¿De qué soy responsable?
* de mis pensamientos
* de mis actitudes
* de mi comportamiento
* de mis acciones
* de mis respuestas

Soy esposa....
Estoy encargada de mi hogar...
Soy madre...
Soy hija...
Soy empleada...
Soy supervisora...

Con esa lista de responsabilidades, no te sentirás culpable al decir que no a expectativas poco realistas. Dios se complace cuando establecemos límites. Los límites abren el paso a una vida hermosa.

* * *

"Antes, quería arreglar a las personas, pero ahora sólo quiero estar con ellas".

BOB GOFF

CAPÍTULO VEINTISÉIS

Cuidado a quién abres tu corazón

"La discreción te cuidará, la inteligencia te protegerá".

PROVERBIOS 2:11

Nuestra cultura pone mucho énfasis en la autenticidad y eso, en cierto sentido, es positivo. Cuando somos veraces con nosotras mismas y con las demás personas, Dios se complace y nuestra vida es más hermosa. Pero temo por los centenares de mujeres que conocí que malinterpretan qué significa ser auténtica. La autenticidad no significa que una tenga que compartir todas las cosas con toda la gente.

En el capítulo anterior, hablamos de la importancia de los límites, y mencioné que los límites agradan a Dios porque le enseña a otras personas a depender del Espíritu Santo. Hay otra razón de que los límites agradan a Dios: Nos protegen del daño innecesario.

Cuando Mike y yo nos comprometimos, él trabajaba en un banco, y era el único empleado varón. Día tras día, al trabajar con las mujeres en el banco, las oía decir palabras negativas y poco amables acerca de sus esposos y sus matrimonios. Con frecuencia, pensaba para sí: *¿Por qué comparten esa información conmigo?*

Un día, después de una conversación particularmente negativa, él me preguntó si podíamos hacernos una promesa importante.

"¿Podemos decidir que nunca hablaremos negativamente del otro a otras personas?" Yo asentí, y hemos guardado esa promesa desde ese momento.

Todavía sacudo la cabeza con incredulidad cada vez que pienso en esas mujeres. Se extralimitaban en sus comentarios y dañaban las relaciones entre ellas, cada una con su esposo, y con Mike. En realidad, lo que hacían no era hermoso.

No sólo era una situación vergonzosa que divulgaran información poco apropiada en el contexto profesional, sino que hablaban con personas que no guardarían sus secretos. Considere la ironía de esto. Todas esas mujeres revelaban sus secretos a un grupo de mujeres que tenían el mal hábito de murmurar y difamar. ¿Qué se supone que pasaría cuando una mujer del grupo mostrara una cualidad poco atractiva de sí misma? ¡Ella misma se convertiría en víctima del chisme!

Mike nunca sintió que ese grupo de mujeres ofrecía un ambiente seguro para compartir información personal, y con toda razón. Él fue auténtico con ellas, pero evitaba compartir información que fuera más allá del ámbito laboral. Así es cómo se establecen bien los límites.

Lamentablemente, establecer bien los límites no es fácil. De hecho, establecer límites emocionales parece ser especialmente difícil para algunas mujeres. He estado en estudios bíblicos en los que una mujer ha compartido los más íntimos secretos de su matrimonio en su primera visita. Tal vez para ella es una especie de catarsis pero, para todas las demás, es incómodo. En vez de recibir el apoyo que necesita, las demás mujeres del grupo se han alejado a causa de la incomodidad.

Es tan importante tener cuidado a quién abrimos nuestro corazón.

Con frecuencia, me encuentro con mujeres que se abren con personas que no saben si son de fiar. He conocido a una infinidad de mujeres que me han contado la historia completa de su vida en los primeros cinco minutos de nuestro encuentro. Me gusta conversar con personas que acabo de conocer y oír de sus luchas, y me considero confiable. Pero mi corazón se preocupa por estas mujeres. No proceden con discreción respecto a cuándo y cómo compartir sus secretos más profundos.

La autora Jodi Detrick dice que es posible ser auténtica con todas las personas y al mismo tiempo ser trasparente con pocas[12]. Es una pequeña distinción, pero es importante. Con autenticidad, me refiero a ser el mismo tipo de persona, sin importar el escenario. Sea que esté en el trabajo, en el colegio, con la familia o las amigas; la mujer que refleja cualidades consecuentes en su carácter —es decir, el fruto del Espíritu— es una mujer auténtica.

> ES TAN IMPORTANTE TENER CUIDADO A QUIÉN ABRIMOS NUESTRO CORAZÓN.

Cuando esta mujer está en la iglesia, es gentil y amable. Cuando está en la oficina, es gentil y amable. Cuando habla con sus hijos, es gentil y amable. Pero eso no significa que deba compartir la misma información e intimidad con sus compañeros de trabajo, sus hijos, su esposo y su pastor. La autenticidad y la transparencia son dos cosas distintas.

La transparencia, a diferencia de la autenticidad, no es sencillamente reflejar los mismos rasgos de carácter en cada circunstancia. Más bien, es permitir que solo ciertas personas puedan ver en aquellos lugares privados del corazón y la mente. La transparencia no es mala. Pero es más segura y más gratificante cuando se reserva para unas pocas personas de confianza.

Todo el tiempo me encuentro con mujeres que están confundidas al respecto, y su confusión les ha causado un gran dolor. Por un lado, sienten que están obligadas a ser vulnerables con todas las personas. Por otro lado, no sienten seguras de presentarse vulnerables. No disciernen qué información pueden compartir y qué deben mantener en privado. Terminan lastimadas, traicionadas y arrastradas por la trampa del chisme, y otros se aprovechan de ellas.

Para mí, ésa no es una vida hermosa. Pero es posible ir por otro camino.

¿Quién es confiable?

Para mí, una de los aspectos más difíciles de esta conversación es que muchas mujeres no saben cómo abrir su corazón en una relación. No saben reconocer a una persona reservada y confiable. Es difícil enseñar cómo discernir cuando alguien es discreto, porque cada circunstancia y situación es diferente.

Una regla general para determinar si alguien es confiable es la siguiente: el comportamiento pasado es un indicador del comportamiento futuro. En otras palabras, si alguien tiene la costumbre de divulgar secretos de los demás, es posible que en algún momento divulgue algo que tú le confíes. Si compartes un secreto con una amiga, y ella no lo guarda, te aconsejo que no compartas más secretos con ella. Ese principio puede ayudarte a tomar decisiones sabias para que sepas cómo deben ser las relaciones seguras.

Esto me lleva a mi segunda regla general que, de hecho, es sencilla: las relaciones deben tener niveles de transparencia e intimidad. Mi relación con mi esposo, por ejemplo, es muy cercana. Compartimos todo entre nosotros. Somos completamente trasparentes. Mi relación con mis compañeras de trabajo, por otro lado, es diferente. Tengo un grupo muy unido de compañeras de trabajo con las que comparto la vida, pero no es el mismo nivel de trasparecía que comparto con Mike.

Te aconsejo que vuelvas al capítulo siete, y piensa en las diversas relaciones en tu vida. ¿Quiénes son las personas más cercanas a ti? ¿Tu esposo? ¿Una amiga? ¿Una hermana? Si estás reservando partes de ti en la relación con estas personas, supongo que te debes sentir muy sola. Dios quiere que tengamos personas confiables en nuestra vida con quienes seamos sinceras.

Ahora bien, si me dices que tu relación más cercana es con tu hija adolescente, y que eres completamente trasparente con ella, me preocuparía. ¿Puede tu hija procesar la información que le revelas? ¿Se le ha concedido a ella la gracia para sostener tu carga? ¿Es

Es posible e importante que seas tú misma ante todas las personas, pero que, al mismo tiempo, compartas tus secretos con pocas. #unavidahermosa

ésa la responsabilidad de una hija? Yo creo que no. Las relaciones trasparentes son buenas, pero debemos ser prudentes cuando decidimos con quién compartimos esas relaciones.

Mi última regla general para las personas que luchan con establecer límites positivos es la siguiente: cuando trates de establecer límites en tu vida, el enemigo querrá detenerte. Te susurrará algo así como: "No mereces lo que pides", o bien,

"¡Responde! ¡No seas maleducada!". Ignora esas mentiras. Nunca debes sentirte culpable cuando manejas con prudencia lo que atañe a tu corazón. Pide al Espíritu Santo que te guíe en esas decisiones y que te enseñe a ser cautelosa.

Los buenos límites no solo complacen de Dios, sino que nos hacen felices y sanas a nosotras también. Nos ayudan a conducirnos en nuestra vida hermosa.

* * *

*"Los límites nos ayudan a mantener adentro
lo bueno, y a mantener fuera lo malo".*

DR. HENRY CLOUD

CAPÍTULO VEINTISIETE

No abuses de la hospitalidad

"No frecuentes la casa de tu amigo;
no sea que lo fastidies y llegue a aborrecerte".

PROVERBIOS 25:17

¿Alguna vez tuviste a alguien en tu casa que abusó de tu hospitalidad? ¿O alguna vez alguien te llamó con tanta frecuencia o te inundó de mensajes de texto que finalmente te cansó con sus pedidos? Creo que todas hemos experimentado eso. Sea un hermano menor, suegros, o una amiga, no se puede evitar el sentimiento: "¡Estoy harta!"

Hace muchos años, tuve una experiencia que me enseñó por qué es importante establecer buenos límites, no sólo en nuestra misma vida, también en nuestro trato con los demás. Estaba guiando un estudio bíblico y una de las mujeres del grupo, Melinda, me preguntó si nos podíamos encontrar para tomar café. Lo hicimos, y mientras tomábamos un café, me contó la desgarradora historia de su niñez. Casi todo lo difícil de imaginar le había sucedido a ella.

Aunque quería ayudar a mi nueva amiga, no había manera de que pudiera mantener ese tipo de comunicación. Además, temía que la ayuda que pudiera ofreccrle no fuera el tipo de ayuda que ella necesitaba.

Más tarde, durante esa misma semana, llamé a Melinda y le pregunté si se podía encontrar conmigo para tomar un café. Dijo que sí. Le dije, con cautela y franqueza: "Melinda, no puedo hablar por teléfono contigo varias veces al día. Lo que *puedo* hacer es hablar contigo media hora por semana. ¿Qué te parece?".

Melinda lo pensó por un minuto, y esperé con paciencia su respuesta. Luego de mirar el suelo por unos segundos, me miró de nuevo.

Preguntó: "¿Qué te parece cuarenta y cinco minutos?"

Los límites personales

La interacción con Melinda me hacer reír un poco, incluso ahora mientras escribo al respecto. Aprendí a amar a Melinda, y ella aprendió a amarme a mí, pero la única manera que nuestra amistad tendría buen resultado era con límites personales firmes.

Todas tenemos personas en nuestra vida como Melinda. Si lo permitimos, pueden ser grandes consumidoras de nuestro tiempo y energía. La verdad cs que *en todo lugar* las mujeres luchamos con los límites personales. Es muy posible que conozcas a personas que permanecen más de la cuenta en tu casa y en tu vida. (¡Tal vez seas una de esas personas!) Pero en vez de quejarnos o de murmurar acerca de esas personas, debemos aprender algunas estrategias que nos ayuden a mantener límites firmes, a pesar de sus hábitos enfermizos. Aquí hay algunos pasos que puede dar para esos límites personales. Adapté estos pasos del libro que mencioné antes (*Límites*).

IDENTIFICA EL SÍNTOMA. En mi caso con Melinda, el síntoma fue las decenas de llamadas perdidas y de correos electrónicos. Cuando sugerí que ella "llamara a cualquier hora", nunca pensé que lo llevaría a un extremo. Entonces, cuando apareció el síntoma, tuve la seguridad de que se convertiría en un problema. Observa tu vida e identifica los "síntomas" de falta de límites. Esos síntomas es posible que sean áreas en las que te sientes frustrada o sientes que has perdido el control de lo que el doctor Cloud llama la "propiedad privada"[13]

IDENTIFICA EL CONFLICTO. El conflicto con Melinda no fue que llamara con tanta frecuencia. Mas bien yo no podía hablar con ella con tanta frecuencia. No había correspondencia entre lo que ella quería y lo que yo podía ofrecer. Por tanto, algo tenía que cambiar. Cuando la gente hace demandas poco realistas, considera con cuidado y con objetividad qué es lo que estás dispuesta a ofrecer. Luego identifica el conflicto entre lo que puedes ofrecer y lo que la persona espera recibir.

> ESTABLECER LÍMITES REQUIERE PRÁCTICA, Y CUANTO MÁS PRACTICO, TANTO MEJOR SON LOS LÍMITES QUE ESTABLEZCO.

IDENTIFICA LA NECESIDAD QUE CAUSA EL CONFLICTO. Las necesidades en ambas partes de la relación contribuyen al conflicto. En mi caso, Melinda necesitaba hablar con alguien acerca de asuntos emocionales serios con los que estaba lidiando. Ésa era una necesidad real de la que no debería avergonzarse. Al mismo tiempo, yo necesitaba hacer mi trabajo (no el de una terapeuta), y tenía que ser sincera acerca del hecho de que no podía ayudarla de la manera que ella necesitaba. Si piensas que otras personas no están cumpliendo con tus expectativas, identifica la necesidad que las arrastra a ese lugar. ¿Necesita estar en comunidad? ¿Amor? ¿Atención? ¿Afecto? ¿Sabe que Dios puede satisfacer esas necesidades en su vida?

ASIMILA Y RECIBE LO BUENO. Éste es un paso importante porque algunas mujeres tal vez hubieran identificado el síntoma o el conflicto con Melinda y luego la hubieran rechazado por completo. De hecho, conozco a muchas mujeres que lo hicieron (y te aseguro que yo casi hice lo mismo). El rechazo de esas mujeres no ayudó a Melinda. De hecho, hizo que el problema se agudizara. Más allá de lo confusas y nefastas que parezcan sus circunstancias, encuentra lo bueno y retenlo, es lo que tuve que hacer en mi relación con Melinda.

> Si las personas no pueden establecer los límites en su relación contigo, debes ser tú quien los establezca.
> #unavidahermosa

PRACTICA TUS HABILIDADES PARA ESTABLECER LÍMITES. Esta historia puede dar la impresión de que yo establezco límites perfectamente, pero te aseguro que no es así. Establecer límites requiere práctica, y cuanto más practico, tanto mejor son los límites que establezco. Esa conversación con Melinda no fue la primera, sino que tuve otras parecidas. Si luchas porque tienes que establecer límites en tu vida, no te castigues. Sólo considérelo como algo que Dios quiere enseñarte. Comienza a usar tu habilidad para establecer límites (como las que enumero aquí). La práctica hace al maestro.

RECHAZA LO MALO. Como aconsejé en el capítulo anterior, evita situaciones que te perjudiquen. Ésa fue la razón de que me reuniera en un café con Melinda en vez de invitarla a mi oficina o a mi casa. Quise encontrarme con ella en un lugar público para minimizar la posibilidad de una situación poco apropiada.

RESPONDE, NO REACCIONES. La razón de que no llamé a Melinda para expresarle mi opinión después de su décima llamada, es que decidí darme tiempo para *responderle* de una manera adecuada. Con algo de tiempo y distancia, fui capaz de pensar con objetividad acerca de lo que quería decirle y ofrecerle de manera realista. Cuando notes que estás respondiendo motivada por las circunstancias, repasa los consejos de esta lista y practica tu habilidad de establecer límites.

APRENDE A AMAR EN LIBERTAD Y CON RESPONSABILIDAD, Y NO CON CULPA. El amor que es libre de culpa es el más puro. El amor que le dice a Melinda, "Te propongo que nos encontremos media hora por semana, sin compromiso" tiene más valor que el amor que dice: "Bueno, está bien, podemos hablar todos los días, pero ¡más vale que estés agradecida!". Aprende a amar con libertad. Puedes ser responsable *ante* otras personas sin ser responsable *de* ellas. Y disfruta de una vida libre de culpa, que rebosa y está llena de maravilloso amor.

◦ ◦ ◦

"Cuando trata con personas que están lastimadas, recuerda que los límites son necesarios para ti y para ellas".

DR. HENRY CLOUD

Profundización de la
NOVENA PARTE: LOS LÍMITES

DIÁLOGO O PREGUNTAS PARA REFLEXIONAR:

1. Soy responsable *de* mí misma y *ante* ti. ¿Qué sucede cuando
   comenzamos a pensar que somos responsables de otros?
   Lee la lista de nuestras responsabilidades en la página 186,
   ¿Cómo podemos mantenernos concentradas en esas cosas y
   no aceptar responsabilidades que jamás deberíamos tener?

2. Ten cuidado a quien abres tu corazón. ¿Cuáles son las
   diferencias entre la transparencia y la autenticidad? (Ese
   concepto se encuentra en la página 189–190.) ¿Por qué
   es importante ser auténticas con todas las personas y
   trasparentes con pocas?

3. No haga mal uso de la hospitalidad. Dialoga acerca de
   maneras prácticas de establecer límites con personas a
   quienes les cuesta entender que necesitan esos límites. (Ese
   concepto se encuentra en las páginas 195–197)

UN DESAFÍO PERSONAL

Evalúa tus límites personales. Escribe tu respuesta a las siguientes
preguntas, y fija algunas metas personales en las áreas que debes
mejorar. ¿Eres responsable de ti misma y ante los demás? ¿O
estás tratando de cambiar a otras personas mientras descuida tus
propias responsabilidades? ¿Eres la misma persona en todas las
circunstancias? ¿Conoces el nivel adecuado de transparencia con

las diversas personas en su vida? ¿Tienes límites sanos con otras personas... respetas el tiempo y el espacio personal?

El poder de la presencia

* * *

M e parece adecuado concluir este libro hablando del poder de la presencia. Amar a otras personas puede ser complicado. Puede ser difícil. Puede ser confuso. Pero también puede ser muy sencillo. A veces, lo único que necesitamos hacer para amar a alguien es estar presente. Sea que la persona esté de luto, alegre, o que simplemente necesite una amiga, una de las acciones más poderosas que podemos hacer es estar con ella.

La presencia no sólo causa un impacto, sino que es un reflejo de cómo Dios nos revela su amor. Él promete que nunca nos dejará. Y cuando aún "éramos pecadores", nos dice Romanos 5:8, Dios envió a su único Hijo al mundo para *estar con nosotros*. Él no nos amó de lejos. Él se acercó.

¿Sabes que nosotras podemos hacer lo mismo? ¿Te has dado cuenta de que cuando nos acercamos a personas lastimadas o alegres, cuando tan sólo estamos *con* ellas, traemos a Dios con nosotras? Por esa razón, Mateo 18:20 dice: "Donde dos o tres se reúnen en mi nombre, allí estoy yo en medio de ellos". Dios es omnipresente (lo cual significa que está siempre presente) pero, en muchas maneras, la amorosa presencia de Dios viene después de nuestra presencia.

Al leer esta última sección, considera cómo tu simple presencia puede hermosear la vida de una persona. Considera que esta acción puede hacer que tu propia vida sea más hermosa. Pregúntale a Dios dónde te insta a estar presente.

CAPÍTULO VEINTIOCHO

Un tiempo para llorar

"Lloren con los que lloran".

ROMANOS 12:15

¿Puedes pensar en un momento en el que te sentiste tan mal, tan sumergida en el dolor, que estabas completamente desorientada? ¿Alguna vez sentiste como que una ola del mar te envolvía y te succionaba a la profundidad del océano? Yo sólo me acuerdo de unas pocas veces que me sentí así, y lo que sigue es una de ellas.

Mi padre es músico, y con frecuencia viaja para tocar en distintas iglesias. Un fin de semana en particular, estaba tocando en una iglesia en Missouri cuando sucedió lo inimaginable. Estaba instalando sus equipos de música cuando de repente sufrió un colapso y cayó sobre el estuche de su guitarra. El pastor de la iglesia lo auxilió.

Gritó: "¿Alguien sabe cómo hacer resucitación cardio-pulmonar (RCA)?" Y alguien de la congregación levantó la mano. Ese hombre estaba visitando la iglesia por primera vez, y era instructor de RCA. Corrió hacia el frente del auditorio, donde yacía mi padre.

Por veinte minutos ese hombre practicó RCA en mi padre. No tenía pulso pero, mientras los paramédicos estaban en camino, ese desconocido trabajó arduamente para mantener a mi padre con vida. Aun así, cuando mi madre nos llamó y nos dio la noticia, ella estaba segura de que mi padre había fallecido.

"No tiene pulso", era todo lo que podía decir.

Corrimos al hospital, donde los médicos pusieron a mi papá en hielo para bajarle la temperatura corporal y preservarle los órganos, ya que el corazón se había detenido por tanto tiempo. Lograron que su corazón volviera a latir nuevamente, pero él quedó en terapia intensiva. Pasaron nueve días sin mucho cambio. Yo creía que mi papá moriría en cualquier momento.

¡NECESITAMOS HACERNOS EXPERTAS EN AYUDAR A LAS PERSONAS A ENCONTRAR SU CAMINO A TRAVÉS DEL DOLOR!

No hay nada más doloroso que creer que algo horrible está por suceder, y esperar a que suceda. No sé si alguna vez tuviste esa experiencia, esperar la muerte de un ser querido, o un divorcio, o la muerte lenta de un amigo con cáncer. Pero, a pesar del gran dolor que sentí durante esos nueve días que mi papá estuvo en terapia intensiva, el poder de la presencia fue asombroso.

Vinieron personas de todas partes, personas vinculadas con varios aspectos de nuestra vida. Trajeron sábanas, comida, y otras cosas que no pedimos pero que necesitábamos con urgencia. Fue un tiempo tan poderoso. Aunque se suponía que teníamos que sentirnos estresadas, realmente no fue así. Estuvimos bien cuidadas. El poder de la presencia nos sostuvo a través del trauma.

La experiencia de casi haber perdido a mi padre me enseñó que no debo temer a la muerte. En definitiva, no debo temer a la muerte por el poder de la presencia de Dios. Pero también me enseñó lo poderoso que puede ser tener gente cerca cuando una llora, tiene miedo, o está confundida. Ése es un regalo que no quiero retener, sino que quiero darlo a otras personas con generosidad.

Ayudar a una amiga a través del dolor

¿Alguna vez una amiga tuya atravesó una situación difícil y tú nos sabías qué hacer? El dolor no sólo llega con la muerte. Puede venir con la pérdida de un trabajo, de un sueño, o de la estabilidad económica. Grandes cambios en la vida suelen traer dolor. ¡Necesitamos hacernos expertas en ayudar a las personas a encontrar su camino a través del dolor!

Pasar tiempo *con* las personas que están sufriendo puede ser difícil e incómodo, por no saber exactamente qué decir, pero es posible que no tengas que decir nada. Dios me amó en mis tiempos más oscuros a través de la presencia de amigos y familiares. No dijeron nada profundo ni hicieron nada asombroso. Simplemente estuvieron ahí, como estaría Dios, amándome sin condiciones.

Cuando las personas pierden a alguien a quien aman, primero necesitan buscar apoyo en sus amigos y familiares. En un momento u otro, cada una de nosotras necesitará ayudar a una amiga que pierda a un ser querido. Aquí hay algunas cosas que puedes hacer, y otras que no deberías hacer, al ayudar a una amiga a recuperarse y a sanar.

HAZ LO SIGUIENTE:

1. Al principio, tu amiga necesitará expresiones tangibles de su apoyo. Abrázala y acompáñala mientras enfrenta su pérdida.
2. Luego, ella y sus familiares necesitarán atención física. Coordina gente voluntaria que lleve comida, y provea la variedad y cantidad necesaria. También podrías llevarle

artículos desechables, como platos, servilletas, vasos y contenedores de comida, así la familia que está de luto no tiene que preocuparse de devolver los platos a sus dueños.

3. Ayúdales a mantener una lista de las cosas que reciban, ya sea comida, plantas, y otros elementos, para que la familia pueda enviar tarjetas de agradecimiento.

4. Ofrece tu ayuda para atender el teléfono, anotar mensajes, o hacer llamadas telefónicas para comunicar las noticias difíciles, así la familia puede estar libre de esas responsabilidades.

5. Supervisa las responsabilidades domésticas según haga falta. Maneras tangibles de ayudar a una familia en duelo son: lavar la ropa, limpiar, pasar a buscar a huéspedes que llegan al aeropuerto o a la estación de autobús, cuidar a las mascotas, pagar las cuentas, y cuidar niños.

6. Ofrece tu ayuda para coordinar los arreglos del funeral, según sea necesario. Una amiga puede ayudarla a organizar fotos, recopilar música, escribir un obituario, o hacer los trámites necesario para ayudar a aliviar el estrés de la familia.

7. Los expertos dicen que las personas que lidian con dolor emocional necesitan oír algo que las compense en lo emocional e intelectual, y que las ayude a enfrentar la situación. No presiones a tu amiga si no está lista para hablar de la pérdida; más bien, invítala a que exprese sus sentimientos, preguntando: "¿Crees que es oportuno hablar?" Acepta y reconoce sus sentimientos; siéntate en silencio con ella, o deja que hable acerca del ser querido que falleció. Puede consolar sin minimizar su pérdida.

8. Puedes responder con algunas de las siguientes palabras:
   a. Lamento tu pérdida.
   b. Estoy orando por ti, y me afecta tu dolor.
   c. No puedo imaginar el dolor que sientes

d. Estoy aquí para lo que necesites. Cualquier cosa que pueda hacer para aliviar tu dolor... por favor, dime.

No fuimos creadas
para llorar solas...
es algo que
debe hacerse
en comunidad.
#unavidahermosa

9. Continúa ayudando a tu amiga y a su familia de seis meses a un año después de la pérdida de su ser querido. Llama para recordarle que estás orando por ella, invítala a pasear, recuerde sus días especiales (el cumpleaños de su familiar fallecido, el aniversario y las primeras fiestas sin la persona). Asimismo, acompáñala al cementerio, o escuche mientras llora.

10. En los días y las semanas siguientes, presta atención a las señales en el comportamiento de tu amiga. Pudiera entrar en una depresión clínica, por ejemplo, si está confundida, desconectada de otras personas, o si sus síntomas de luto han empeorado. Si observas los siguientes síntomas, anima a tu amiga a que busque ayuda profesional: si le cuesta desenvolverse a diario, si no puede disfrutar de la vida, si pone un énfasis desmedido en la muerte, si está aislada o tiene alucinaciones, si descuida de su aseo personal, tiene desesperanza, o habla acerca de suicidio. En casos extremos, puede llamar a una línea directa que asiste en casos de suicidio, como el 911 en los Estados Unidos

EVITA LO SIGUIENTE:

1. Minimizar la pérdida. Deja que la persona procese sus emociones, que las comente contigo, y no minimice la pérdida o haga caso omiso del dolor. Evita decir algo como:

"Sabes, todos perdemos a alguien", o bien, "Vas a tener que superar esto".

2. Que la persona afligida se sienta avergonzada de su luto. Reitero, deja que la persona hable con libertad desde el luto. No debería sentir la necesidad de decir algo como: "Creo que a esta altura ya tendría que haber superado mi aflicción". Acéptala en la situación en que ese encuentra, y ayúdala a vivir su duelo a su propio ritmo. Cada situación es diferente, así que no hay un programa estipulado para la recuperación.

3. El uso de ciertos clichés en la conversación:

   a. "Todo esto es parte del plan de Dios".

   b. "Debes ser fuerte. Otras personas dependen de ti".

   c. "Sé cómo te sientes".

   d. "Tu ser querido está en un mejor lugar ahora".

   e. "Esto quedó en el pasado. Es tiempo de que sigas con tu vida".

   f. Evita declaraciones que comienzan con "Deberías...", o "Serás..."; trata de reformular tus comentarios a "¿Pensaste en...?", o bien, "Podrías intentar..."[14]

Ninguna de nosotras puede quitar el dolor o impedir la pérdida de otra persona, pero podemos comunicarle a nuestra amiga afligida que nos importa.

* * *

"Dime cuánto sabes del sufrimiento de un semejante, y te diré cuánto lo has amado".

HELMUT THIELICKE

CAPÍTULO VEINTINUEVE

Celebra los buenos tiempos (¡vamos!)

"Alégrense con los que están alegres"

ROMANOS 12:15A

Un domingo, luego de la reunión de la iglesia, fui al baño. Por supuesto, el baño de la iglesia estaba saturado de mujeres, como normalmente sucede después de la reunión del domingo. Esa mañana, había una niña llamada Nikki en el baño. En ese tiempo, Nikki tenía unos nueve años.

Cuando entré en el baño, noté que la puerta no se podía abrir bien. "¡Uh! ¡Cómo cuesta abrir esta puerta!", dije en voz audible.

"Debes decirle al pastor Mike", dijo Nikki, refiriéndose a mi esposo.

"Nikki, ¿por qué debería decirle?". Le pregunté, sonriendo.

Y ella exclamó: "¡Porque él es el dueño de la iglesia!".

"Ay, querida... *Jesús* es el dueño de la iglesia", me reí, no queriendo que pensara que mi marido era el dueño de la iglesia.

Ella añadió: "Bueno, todavía creo que le debe decir al pastor Mike, ¡porque Jesús no va a arreglar la puerta!".

Todo el baño de mujeres estalló en risas; fue un momento tan dulce. Pero creo que Nikki estaba descubriendo algo profundo. Aunque Jesús sea el "dueño" de la iglesia, por así decirlo, hay cosas que *nosotras* debemos hacer.

Cuando aprovechamos cada oportunidad para celebrar la bondad, estamos construyendo una hermosa vida.
#unavidahermosa

Para mí, ese mensaje expresa maravillosamente cómo somos llamadas a ser las manos y los pies de Jesús. Cuando se trata de "reparar una puerta" (es decir, llevar una comida a una amiga, preparar una fiesta, dar el regalo del aliento, crear espacios para la diversión y la risa), ¿cuántas de nosotras esperamos que Jesús se encargue de eso, cuando en realidad es nuestra responsabilidad?

¿Cuáles son algunas maneras sencillas de celebrar con las personas?

No sé si a ti te sucede lo mismo, pero a veces las celebraciones complican mi vida en vez de ayudarme a disfrutarla. Pero no creo que ésa sea la intención de Dios. Los festivales prescritos en el Antiguo Testamento eran un tiempo para recordar la bondad de Dios y celebrar. El sábado era un regalo de Dios, un tiempo para descansar en su provisión y celebrar el trabajo que Él nos capacitó para realizar. Una de las razones por las que creo que la celebración puede resultar dificultosa es porque la complicamos más de lo necesario.

Me viene a la mente lo que compartí en el capítulo trece: "La hospitalidad bíblica no tiene nada que ver con Martha Stewart". A veces, pienso que nos enredamos en la apariencia externa de la celebración y nos olvidamos del verdadero significado: alegrarnos con otros. El propósito de la celebración no es tener la comida más sofisticada, o las decoraciones más hermosas. El propósito es regocijarnos en la bondad de Dios y hacer que la persona se sienta celebrada. Eso es mucho más sencillo de lo que pensamos.

Aquí ofrezco algunas maneras de celebrar a las personas en tu vida:

- **Ofrecer un cumplido** Eso es realmente sencillo y una celebración puede ser tan fácil como decirle a una compañera que la planificación de la fiesta de cumpleaños fue excelente, o que ese nuevo traje le queda muy bien. Da un cumplido hoy y ve cómo el rostro de la persona cambia delante de ti.
- **Dar un regalo sencillo.** Muchas veces, nos enfocamos en dar regalos extravagantes, y puede ser abrumador encontrar algo que impresione a la otra persona. ¿Qué sucedería si sencillamente pasamos por la casa de una amiga con un ramo de flores? El regalo más sencillo podría ser el más considerado y afectuoso.
- **Observar y reconocer las virtudes.** A veces, notar los dones de las personas puede hacer que se sientan reconocidas y celebradas. Puede ser algo tan sencillo como decir: "¡Tú realmente eres talentosa con los niños! Manejaste muy bien esa situación".

- **Conocer las preferencias de la persona.** ¿Qué pasaría si le llevaras a tu amiga su bebida favorita, o golosina, o refrigerio, o su color preferido de esmalte de uñas? Conocer lo favorito de las personas y tratar de hacer algo que les encanta es algo poderoso.
- **Planificar una salida.** Cuando tu amiga obtenga un trabajo nuevo, o anuncie una mudanza, o descubra que tendrá un bebé, invítala a cenar, llévala a la pedicura, o simplemente tomen una taza de café. Planificar una salida específica conmemora el momento y es una manera de decir que el acontecimiento es tan importante para ti como para ella.
- **Buscar oportunidades.** No esperes que lleguen los cumpleaños o los aniversarios para festejar. Busca oportunidades para celebrar. Tengo una amiga que festeja el "medio año de cumpleaños" haciendo medio pastel. Celebra ocasiones tales como el aniversario en el trabajo de tu esposo, las buenas calificaciones de tu hijo, o el día más largo del año.
- **Planificar el descanso.** Tomar tiempo para el descanso puede ser una celebración. Luego de una temporada de ajetreo, planifica tiempo para disminuir la velocidad y ayudar a que otras personas también lo hagan.
- **Tomar apuntes en tu teléfono celular.** Presta atención a la clase de café que pide tu amiga, o al libro que dice que quisiera leer. Guarda los apuntes en tu teléfono celular. La próxima

vez que pases por un café o una librería, ¡sabes
exactamente qué es lo que le alegraría el día!

- **Expresa tu gratitud.** La vida pasa tan rápido que
a veces nos olvidamos de decirle a las personas
cuán agradecidas estamos por lo que recibimos de
ellas cada día. Puede ser algo tan sencillo como
su sonrisa, su risa, o algo más manifiesto, como
cuando una compañera de trabajo se ofreció para
cuidar a tus niños mientras
hacías un trámite. Expresa
gratitud con frecuencia.

> CUANDO
> CELEBRAMOS LAS
> COSAS BUENAS EN
> NUESTRA VIDA Y
> LA HERMOSURA DE
> OTRAS PERSONAS,
> DIOS SONRÍE.

¡Es asombroso lo sencilla y módico que puede ser una celebración genuina! Lo único que se necesita es prestar atención a los detalles y escuchar lo que sucede en la vida de las personas que te rodean.

Festejar con otras personas puede ser tan poderoso como llorar con ellas. Creo que por eso Pablo nos manda a que lo hagamos. Cuando celebramos las cosas buenas en nuestra vida y la hermosura de otras personas, Dios sonríe.

Celebrar cambia a las personas. Observa cómo se desvanecen las defensas de una mujer cuando se siente celebrada, cómo se vuelve más asequible, cómo cambia su semblante, y resulta más fácil estar cerca de ella. Y al celebrar *con* otras personas, *tú* también cambias. Te verás más hermosa, la gente a tu alrededor se verá más hermosa, y la vida misma será más hermosa.

La celebración también cambia ambientes. Piensa en la última vez que estuviste con un grupo de personas que hacían comparaciones, juzgaban a los demás, y murmuraban. ¿Cómo era el ambiente? Supongo que estaba saturado de celos y temor, y que nadie se sentía cómodo. El ambiente de trabajo puede ser así, el ambiente del hogar puede ser así, el ambiente del colegio y de la iglesia también pueden ser así. Y, de hecho, este tipo de ambiente es nocivo.

Por otro lado, piensa en un momento en que la gente a tu alrededor reconoció la bondad de Dios y te sentiste celebrada por lo que tú pudiste aportar. Tal vez una amiga te invitó a comer para celebrar tu cumpleaños. Tal vez un jefe interrumpió su rutina para agradecerte por tu diligente trabajo. O tal vez tu esposo se detuvo para decir: "Eres tan excepcional en lo que haces. Gracias por preparar esta deliciosa comida". El ambiente beneficioso que fomenta la celebración es lo opuesto al ambiente tóxico.

Fuimos creadas para celebrar. Piensa en la Navidad, en la fascinación y el asombro que sentías cuando era niña al mirar el brillo de las luces del árbol de Navidad. Es la época de Adviento, cuando todos se preparan para celebrar el nacimiento de Cristo. ¿Y si vemos todas las celebraciones como adoración, como un ocasión para reconocer y regocijarnos en la bondad de Dios? ¡Eso verdaderamente sería una vida hermosa!

¿Eres buena para celebrar?

Si quieres saber si eres buena para celebrar con otras personas, dedica un tiempo a mirar el Facebook. Tal vez parezca un chiste, pero lo digo en serio. Mi amigo Justin dice que nuestra tendencia a mirar el Facebook y compararnos con otras personas, destruyéndolas en nuestro corazón, no es un problema de Facebook, sino que es un problema nuestro. Estoy de acuerdo con él.

Los celos y las comparaciones son unas de las actitudes más toxicas que podemos adoptar; aunque son las más comunes, lo cual es trágico. Si notas que al estar en Facebook te comparas con otras personas —lo que tienen, cómo se visten, dónde estuvieron, qué hicieron— no renuncies a Facebook. Eso no soluciona el problema. Pide a Dios que te ayude a entender por qué te cuesta celebrar con otras personas.

Si luchas con los celos y con la comparación, no estás sola. Busca la raíz del problema para que puedas dejar de sufrir las consecuencias. ¡Dios quiere algo mucho mejor para ti! Los celos y las comparaciones dañan el alma. Nos impiden celebrar nuestras propias virtudes y las virtudes de otras personas.

¡Celebrar con otras personas es bueno para nosotras! Hace poco, leí el libro de Andy Stanley titulado *Enemigos del corazón*. Él dice que celebrar con otras personas es una manera de proteger nuestro corazón de los celos.[15] Al regocijarnos acerca de las cosas buenas que Dios está haciendo en la vida de otros, evitamos que la envidia tenga un efecto destructivo en nuestro pensamiento. Entonces, haz algo por otras personas y por ti misma: ¡organiza una fiesta, ofrece un cumplido, o reconoce los talentos de alguien!

* * *

"Las personas son atraídas al lugar donde se las celebra".

DESCONOCIDO

CAPÍTULO TREINTA

El regalo de la presencia

"Cuando tenemos dificultades, o cuando sufrimos,
Dios nos ayuda para que podamos ayudar a
los que sufren o tienen problemas".

2 CORINTIOS 1:4, TLA

Me gusta estar ocupada. Puedo desenvolverme mucho mejor cuando mi horario está lleno y hago muchas cosas. Pero, de vez en cuando, me extralimito y me siento abrumada e infeliz. Cuando ocurre eso, tengo unas amigas cuya presencia es sanadora.

Por lo general, si estoy abrumada es porque he tenido mucho quehacer. Quizá trabajé muchas horas, o tenido muchas fechas límites una después de la otra, o hubo situaciones que ocuparon mi tiempo. Puedo sentirme exhausta, al igual que ti. Durante ese tiempo, no espero que nadie solucione la situación. Pero hay algo sanador en un almuerzo prolongado y una buena conversación con una amiga.

A primera vista, parecería que lo que menos necesito, con un horario tan ocupado, es dedicar una hora del día para almorzar. Pero cada vez que sucede, me sorprende cuánto cambia mi actitud. Por lo general, empieza con una pregunta de mi amiga: "¿Cómo estás hoy, Kerry?". Y, aunque trate de minimizar lo abrumada que me siento en realidad, esas personas cercanas se dan cuenta de la verdad.

Sólo una hora en compañía de una buena amiga —de ser escuchada, reconocida, valorada, y entendida—, y soy una mujer nueva cuando salgo del restaurante. Me siento más feliz, más enfocada, y menos abrumada. ¡Alentada! *Ése es el poder de la presencia.*

¿Has experimentado alguna vez lo que estoy diciendo... que el simple hecho de estar *con* una amiga te hace sentir mejor? Ese regalo de la presencia no es poca cosa. Puede cambiar la vida de alguien.

Una vida hermosa

No puedo pensar en ningún otro tema para concluir este libro acerca del amor, un libro acerca de la vida hermosa, que no sea el poder de la presencia. Para mí, es el resumen del libro en unas pocas palabras. Fuimos creadas para relacionarnos con Dios y con otras personas, y a veces las relaciones no tienen que ser tan complicadas como las hacemos. A veces, pueden sencillamente consistir en estar *ahí.*

Así es cómo Dios mostró su amor por nosotras. Él estuvo presente, aun cuando éramos pecadoras, aun cuando no lo merecíamos, aun cuando no era agradable estar en nuestra compañía. Así es cómo los buenos padres aman a sus hijos, siendo constantes con ellos, con su presencia una y otra vez, más allá de la respuesta del hijo. Así es cómo nos tratan las buenas amigas. Simplemente pasan tiempo con nosotras. No tratan de cambiarnos, sino que simplemente se acercan. Se sientan con nosotras, y escuchan.

Hay algo tan restaurador en estar con alguien. ¿Recuerda a mi amiga Carol, la que mencioné en el capítulo uno? Eso es lo que quería su joven hijo en los últimos días de su vida: estar rodeado de las personas que lo amaban. Eso es lo que cambió la vida de Becky, mi amiga del capítulo tres. No fue la consejería o la predicación lo que la cambió, sino juntar fresas con una amiga. Ése es el poder de la presencia.

El poder de la presencia era lo que yo necesitaba cuando me enteré de que mi hijo tenía displasia congénita de cadera (capítulo cuatro). Es también lo que ofrecí a la mujer joven y atribulada del estudio bíblico en el capítulo ocho, y ella se sintió amada.

El amor se muestra y se recibe mediante el poder de la presencia. Mi amiga Ally viajó para estar *con* la gente de Guatemala, y su experiencia no sólo bendijo a los aldeanos, sino que cambió la perspectiva de Ally para siempre (capítulo trece). Mi amiga Ariel decidió estar *con* su amiga, la ex líder de adoración, y encontró que su amistad no sólo ablandó su corazón y la libró de su propia amargura, sino que la bendijo profundamente.

> HAY ALGO TAN RESTAURADOR EN ESTAR CON ALGUIEN.

¿Y el capítulo veintiuno, en el que hablamos de la disposición de Chantel de invitar a su abuelo a su casa nuevamente y cómo el simple acuerdo de estar con él cambió del todo la dinámica familiar e hizo posible que su abuelo fuera al cielo? Si ése no es un ejemplo poderoso de la presencia, no sé qué podría serlo.

Podría seguir y seguir, pero creo que has captado la idea. Cuando estamos *con* la gente, llana y simplemente, podemos amarla. Cuando amamos a otras personas, Jesús está feliz, y nosotras también.

A esta altura del libro, estaría haciendo un perjuicio si no te instara a que echaras un sincero vistazo a tu vida. ¿Es una vida hermosa o todavía tienes que hacer algunos cambios? A mí, por cierto, todavía me falta. Pero no voy a renunciar a esa tarea.

Quiero ser recordada por mi amor. No quiero atravesar los ciclos de la vida, hacer lo que "supuestamente" debo, con la esperanza de que, en definitiva, sea lo necesario para ir al cielo. Quiero manifestar el amor de Dios en la tierra. Y la única manera de hacer eso es invertir en las personas, estar con ellas, darles de mi tiempo y energía, y amarlas como corresponde.

> Cuando mi vida es hermosa, despedirá una dulce fragancia. Además, hará que la vida de otros sea también hermosa.
> #unavidahermosa

Esto hace feliz a Dios. Pero mucho más que eso, nos hace felices a nosotras también. Creo que a veces pensamos que esas dos cosas están separadas —que para hacer feliz a Dios tenemos que ser infelices—, pero estoy convencida de que, por lo general, nuestra felicidad y la felicidad de Dios se encuentran en el mismo lugar.

Cada vez que piense en ti, le pediré a Dios que al poner en práctica estas verdades, ¡experimentes una vida hermosa!

· · ·

"Cuando nos amamos unos a otros, Dios sonríe y nuestro corazón se regocija. Realmente podemos vivir una vida hermosa".

KERRY CLARENSAU

Profundización de la
DÉCIMA PARTE—EL PODER DE LA PRESENCIA

DIÁLOGO O PREGUNTAS PARA REFLEXIONAR:

1. Hay un tiempo para llorar. Lee en las páginas 205-208 lo que se debe hacer y lo que no se debe hacer durante el duelo. Dialoga de los beneficios de vivir el duelo en una comunidad de amigos y entre familiares.

2. Debemos celebrar juntas! Una vez, alguien dijo que las personas son atraídas al lugar donde son celebradas. Recuerda un tiempo en que una celebración quedó grabada en tu vida. Comparte ideas sencillas para celebrar con las personas que amas.

3. Tú puedes ofrecer el regalo de tu presencia. Considera las maneras en que fuiste alentada cuando alguien pasó tiempo contigo. ¿Cómo puedes dar el regalo de la presencia a otra persona?

UN DESAFÍO PERSONAL

Lee acerca de las maneras sencillas en que puedes celebrar a las personas que forman parte de tu vida, y esta semana "celebra" a alguien que es parte de tu vida. Si alguien que conoces está de luto, dedica tiempo para llorar con esa persona.

Cómo usar *Una vida hermosa* en células o grupos pequeños

. . .

Este libro puede usarse en un estudio de diez semanas en una célula o grupo pequeño. Cada una de las diez partes del libro contiene tres capítulos breves. Las participantes pueden leer una parte para cada sesión semanal. Usa las preguntas de las páginas de "Profundización" al final de cada parte, o las preguntas que tú misma prepares para orientar el diálogo. Anima a cada participante a comprar una libreta para usar de diario personal y a aceptar el desafío personal de cada semana. Sugiero que, cada semana, comiencen su tiempo juntas dejando que las participantes cuenten su testimonio acerca del desafío personal.

Notas

* * *

1. Leaf, Caroline, *Who Switched Off My Brain?: Controlling Toxic Thoughts and Emotions*. Nashville, Thomas Nelson, Inc., 2009, p. 120. Versión en español: *¿Quién me desconectó el cerebro?*

2. Schore, Allan N., *Affect Regulation and the Repair of the Self* (La regulación de los sentimientos y la reparación del yo), New York, W. W. Norton and Company, 2003.

3. Leaf, *Who Switched Off My Brain?*, 87.

4. Holladay, Tom, *The Relationship Principles of Jesus*. Grand Rapids, MI, Zondervan, 2008, pp. 90, 292. Versión en español: *Principios de Jesús sobre las relaciones.*

5. Montgomery, L. M., *Anne of Green Gables*. New York: Bantam Books, 1982, p. 217. Versión en español: *Ana, de las tejas verdes.*

6. Sande, Ken, The Peacemaker: *A Biblical Guide to Resolving Personal Conflict*. Grand Rapids, MI: Baker books, 2004, p. 83. Versión en español: Pacificadores: *Guía bíblica para la resolución de conflictos personales.*

7. Shawchuck, Norman, *How to Manage Conflict in the Church, Understanding and Managing Conflict*. Fargo, ND, Spiritual Growth Resources, 1983.

8. Van Yperen, Jim, Making Peace: *A Guide to Overcoming Church Conflict.* Chicago, Moody Press, 2002, p. 89.

9. Lencioni, Patrick, *The Five Dysfunctions of a Team: A Leadership Fable.* Somerset, NJ, Jossey-Bass, 2002. Versión en español: *Las cinco disfunciones de un equipo.*

10. Townsend, John y Henry Cloud, Boundaries: *When to Say Yes, How to Say No to Take Control of Your Life.* Grand Rapids, MI, Zondervan, 1992. Versión en español: *Límites.*

11. Townsend y Cloud, *Boundaries*, pp. 88–90.

12. Detrick, Jodi, *The Jesus-Hearted Woman: 10 Leadership Qualities for Enduring and Endearing Influence.* Springfield, MO, Influence Resources, 2013, p. 48. Versión en español: *La mujer al estilo de Jesús.*

13. Townsend y Cloud, *Boundaries*, p. 236.

14. Las sugerencias de lo que se debe hacer y lo que no se debe hacer durante el duelo fueron adaptadas de las siguientes fuentes: Foster, Christi, "Life Support for the Grieving Mother: Applying CPR in Times of Tragedy" (Sustento de vida para las madres en luto: Aplicar RCP en tiempos de tragedia). Women.ag.org. National Women's Department, General Council Assemblies of God. Consulta: 25 de noviembre de 2013. <http://women.ag.org/ Equipping_display.aspx?id=1729&Langtype=1033>; "Supporting a Grieving Person: Helping Others Through Grief, Loss, and Bereavement" (Ofrecer apoyo a una persona en luto: Cómo ayudar a otras personas a través del luto, la pérdida y el dolor). Helpguide.

org: A Trusted Non-Profit Resource. Helpguide.org International. Consulta: 25 de noviembre de 2013. <http://www.helpguide.org/ mental/helping_grieving.htm#online>; Bev Hislop, *Shepherding Women in Pain: Real Women, Real Issues, and What You Need to Know to Truly Help* (Pastorear a mujeres afligidas: Mujeres de carne y hueso, problemas reales, y lo que necesita saber para ayudar de verdad), Chicago, Moody Publishers, 2010.

15. Stanley, Andy, *Enemies of the Heart: Breaking Free from the Four Emotions That Control You.* Colorado Springs, Multnomah Books, 2011, 176. Versión en español: *Enemigos del corazón.*

Acerca de la autora

* * *

Kerry Clarensau es la directora de una organización nacional de mujeres cristianas con más de 340.000 miembros. Es una ministra con credenciales, mentora y oradora internacional. Clarensau es una escritora prolífica: crea materiales de capacitación y recursos ministeriales en Internet para mujeres. Es la autora de Secretos: Transforme su vida y su matrimonio, *El amor revelado, y ¡Redimida!: El gozo de una vida transformada.*

Kerry y su esposo, Mike, tienen dos hijos, Tyler y Blake, una nuera, Katie, y dos nietas, Molly Jayne y Lennon Mae.

Para obtener más información acerca Kerry, visítela en www.kerryclarensau.com. También puede seguirla en Twitter: @kerryclarensau; Facebook: kerry.clarensau y Pinterest: kerry_clarensau.

Otros títulos de Kerry Clarensau

＊ ＊ ＊

Secrets: Transforming Your Life and Marriage

Secrets: Transforming Your Life and Marriage DVD and CD-ROM

Secretos: Transforme su vida y su matrimonio

Redeemed!: Embracing a Transformed Life

Redeemed!: Embracing a Transformed Life DVD

¡Redimida!

¡Redimida! DVD

Love Revealed: Experiencing God's Authentic Love

El Amor Revelado: Experimente el genuino amor de Dios

*The Love Revealed Challenge: 45 Days to
Discovering God's Authentic Love*

*Desafío el Amor Revelado: 45 días para
descubrir el genuino amor de Dios*

＊ ＊ ＊

Para obtener más información acerca de estos recursos,
por favor, visite la página www.influenceresources.com